Le thé
à Paris

PARIS EST À NOUS

Le thé à Paris

CHRISTINE BARBASTE

Parigramme

Un très grand merci à tous ceux,
professionnels et amateurs,
qui ont accueilli le projet de ce guide
avec enthousiasme et ont eu la gentillesse
de me faire partager leurs connaissances
et leur plaisir.

Collection dirigée par Jean-Christophe Napias

59, rue Beaubourg 75003 Paris

S o m m a i r e

Introduction

Les Parisiens ont beaucoup de chance : leur ville est, au monde, celle où converge le plus grand choix de thés. Paris, capitale du thé ? Peut-être un jour prochain…

Car pour l'instant, au palmarès international des buveurs de thé, les Français ne se distinguent pas par leur rang. La boisson la plus consommée dans le monde après l'eau n'a pas trouvé encore réellement sa place dans les us et coutumes hexagonaux.

L'histoire explique bien des choses. Le thé en France fit ses débuts dans le grand monde – comme dans tous les autres pays d'Europe – et n'en bougea guère pendant plusieurs siècles. Aujourd'hui encore, pour beaucoup de nos contemporains, le thé demeure une tisane anglaise, indissociable d'un style de vie urbain épris d'anglomanie, de rituel et de bonnes manières en général.

Au cours des dernières décennies cependant, la France s'est émancipée du diktat du goût du thé britannique et a développé sa propre culture du thé. Rien d'étonnant à cela. L'excellence et la variété de nos vins sont une bonne école. Les Français ont un palais exigeant et infidèle : qualité et diversité. Quand ils boivent du thé, ils retrouvent les mêmes réflexes. Car en matière de thé comme de vin, la personnalité fait loi : aucun thé ne ressemble à un autre. Il y a des crus de thé comme de vin, des petits, des grands, des très grands. Un amateur de bons vins qui prétend ne pas aimer le thé n'a sans doute jamais goûté un thé semi-fermenté de Chine ou de Taïwan, ou encore un thé de printemps de Darjeeling – pour ne citer que quelques "stars".

Quantité, diversité et qualité des importations de thé en France sont en constante progression. On dit que le thé fait de plus en plus d'"adeptes". Drôle de mot… Le thé n'est pas une religion, ses amateurs ne sont pas membres d'une secte ni d'une société secrète et élitiste. Un très bon thé – et Paris ne manque pas d'endroits où s'en procurer – peut être apprécié par tous ceux qui le souhaitent et, détail qui a son importance, est à la portée de tous les budgets.

D'une certaine façon, une révolution de trois siècles s'achève. Les Français redécouvrent aujourd'hui les vertus et le goût du thé vert, le premier consommé en Europe, au XVIIe siècle, pour ses vertus curatives précisément. Et, après avoir pendant deux siècles affecté une pointe de chic anglais quand le thé tenait salon, les voilà, leur tasse de thé à la main, qui regardent de nouveau à l'est le soleil se lever sur les jardins de thé de Chine et d'Inde.

Les nouveaux amateurs ont une approche du thé entièrement libérée des carcans de l'éducation vieille France. Beaucoup sont jeunes, beaucoup sont des hommes, beaucoup n'appartiennent pas aux élites sociales, beaucoup encore boivent le thé en solitaire chez eux à toutes les heures de la journée et sans cérémonie. Bien des clichés se craquellent.

Il est encore vrai, toutefois, que si le passionné de bon vin a une réputation souvent flatteuse d'épicurien, l'amateur de thé voit généralement accoler à la sienne toutes sortes d'épithètes moins gracieuses : on le dit volontiers snob et démesurément attaché aux rituels, tatillon sur la qualité de l'eau, exigeant sur celles des feuilles, pointilleux sur le respect des règles de l'infusion... Au mieux, on verra en lui un inoffensif excentrique ; au pire, un insupportable maniaque.

Écoutez le plus célèbre des maîtres de thé japonais : "Le thé n'est rien d'autre que ceci : faire chauffer de l'eau, préparer le thé et le boire convenablement. C'est tout ce qu'il faut savoir."

Une pincée de feuilles à son goût, de l'eau chaude, une théière. La plus jolie des rimes de thé, c'est simplicité. À chacun d'inventer les méandres de la sienne.

Comment le goût du thé vint aux Français

Quand il apparaît en Europe, au début du XVIIe siècle, le thé suscite moins de passion et de convoitise que les soies et les laques, elles aussi importées de Chine dans les soutes des navires hollandais de la Compagnie des Indes orientales. Cette herbe à infuser, verte et amère, fait ses débuts dans le grand monde, mais dans les alcoves des malades et non dans les salons.

En effet, le thé arrive précédé d'une réputation. Les récits des marchands et autres grands voyageurs du siècle précédent rapportent que les Chinois utilisent ce breuvage pour remédier à toutes sortes de maux : le thé purifie le sang, soigne la goutte, guérit les affections du foie et de la rate, aiguise la vue... On dit aussi qu'il stimule et rend l'esprit vif. Si Sganarelle avait bu du thé en prisant son tabac, il l'aurait mentionné comme une plante qui donne de l'esprit à ceux qui en usent : paré de tous les charmes du lointain Orient, le thé avait aussi la réputation de déloger la sottise…

La thérapeutique française de l'époque alterne violence et douceur, saignées et prescriptions de plantes. Le thé, tout comme le cacao et le café, est ajouté à la liste des potions médicinales vendues chez les apothicaires. Dans les amphithéâtres de la très sérieuse Faculté, il est au centre de quelques débats animés et les Diafoirus de salon relaient efficacement les polémiques. Le thé est une médecine, mais une médecine exotique, mystérieuse, à la mode. Mazarin, Racine, Madame de Sévigné et ses amies sont parmi les premiers buveurs de thé en France. La consommation reste cependant confidentielle et élitiste : le thé est cher, très cher.

À la cour du Roi Soleil, l'émissaire d'un puissant sultan, ambassadeur lui aussi exotique, et surtout expert en marketing avant l'heure, lance avec magnificence la mode des turqueries, au nombre desquelles figure le café. Le thé a beau ressusciter les mourants à vue d'œil, la potion est un peu austère et n'a pas le "glamour" du café. Qui, quoique lui aussi taxé, devient vite moins cher que le thé. Au concert des cris des rues de Paris se mêlent bientôt ceux des marchands ambulants de petits noirs brûlants. L'un de ces vaillants choristes s'appelle Procopio… Le café prend avec faste pignon sur rue et le vice oriental fait la conquête de Paris avec le succès que l'on sait. Le thé, lui, se tient à l'écart de cette agitation et reste confiné dans les demeures bien nées.

Au XVIIIe siècle, les Français se lancent à leur tour dans l'aventure du commerce maritime avec l'Extrême-Orient. Les caisses de thé figurent sur les registres de marchandises, mais aucun négociant français ne "lance" la boisson, comme l'ont fait certains ingénieux Anglais à Londres, où le thé gagne peu à peu du terrain dans toutes les couches sociales. En France, il ne séduit que les élites illuminées par le modèle anglais, qui ignorent que les distingués Britanniques se livrent, entre Canton et le Bengale, à une "guerre du thé" rocambolesque et pas toujours jolie-jolie…

Quant au XIXe siècle, si l'on croise un héros de roman une tasse de thé à la main, soyons certains qu'il est au top de la branchitude d'alors : la *touch of class* mâtinée d'une pointe de désinvolture bohème.

Une duchesse britannique ayant institué le *five o'clock,* aristocrates et bourgeois français s'empressent d'accorder leurs pendules continentales et redoublent d'ardeur pour lustrer l'argenterie. D'autant qu'entretemps, la couleur du thé a changé. De vert, il est devenu noir. Le goût de ce thé-là séduit, et on le boit pour le plaisir. Des mises en scène mondaines s'organisent autour du thé. L'été, le rituel prend ses quartiers dans les hôtels des villégiatures, puis de retour à Paris, à Bagatelle. De fil en aiguille voient le jour les premiers salons de thé, prolongements publics des salons privés. Les femmes peuvent s'y retrouver entre amies sans craindre pour leur réputation – les cafés, eux, sont si mal fréquentés…

On se réunit entre élégantes chez Rumpelmeyer, future Angelina. En 1904, après que les délires de la spéculation immobilière ont bouleversé la tranquille plaine Monceau, on prend le thé aux Délices, un ancien atelier de sculpteur reconverti dans le goûter fin. En 1920, la monumentale pâtisserie Brocco, au Temple, installe quelques tables à thé sous ses plafonds peints. Il faut dire qu'en visitant le Pavillon cinghalais à l'Exposition universelle de 1900, tous les Parisiens avaient eu l'occasion de découvrir le thé anglais de Ceylan, une denrée exotique plutôt bon marché, à la portée d'un grand nombre. Lentement, le thé gagne la faveur d'un public plus large.

À lire, pour découvrir la grande et la petite histoire du thé

Le Grand Livre du thé, Flammarion. Ouvrage collectif.
Toute la saga du thé, superbement illustrée.

◆

Robert Fortune, *La Route du thé et des fleurs,* Hoëbecke.

◆

Paul Butel, *Histoire de thé,* Desjonquères.

◆

CHAPITRE 1

Des jardins aux comptoirs

Les comptoirs de thé parisiens sont des lieux magiques. Les jardins du monde entier s'y donnent rendez-vous, n'attendant que la visite de l'amateur pour l'inviter à repousser le fil de son horizon. Les noms des thés débrident les imaginations les plus sédentaires et déconcertent tout à la fois. Les thés chinois cultivent avec raffinement un très grand hermétisme poétique. Les thés d'Inde, de Ceylan et de nombreux autres pays sont estampillés du nom de leur jardin d'origine, suivi d'abréviations techniques qui flirtent avec l'abstraction.

Décrypter les cartes des détaillants peut sembler, au premier abord, aussi ardu que l'apprentissage d'une langue étrangère. Il suffit pourtant de quelques repères de base pour commencer et d'un peu de curiosité pour continuer : l'univers du thé est bien moins impénétrable qu'il n'y paraît et bien plus captivant aussi que ne le croit le néophyte.

Aucun thé ne ressemble à un autre. Tous révèlent des airs de famille avec de nombreux cousins, mais chacun possède un caractère propre qu'il tient de ses origines, de l'âge et de l'état de ses feuilles et, enfin, du savoir-faire qui lui a donné naissance.

La fabrication du thé

Tous les thés proviennent du même arbuste – une espèce de camélia déclinée depuis le siècle dernier en deux variétés : de Chine et d'Assam. Tout comme pour le vin, le cru et le terroir déterminent le caractère d'un thé, mais la maturité des feuilles au moment de la cueillette et les diverses étapes du processus de fabrication décident de son goût.
Les caprices climatiques ont aussi leur mot à dire : trop de pluie, pas assez, et tout peut être remis en cause. La qualité des récoltes d'un même jardin est variable. La fabrication comprend cinq étapes : une fois cueillies, les feuilles sont flétries, roulées (pour briser les cellules et libérer les huiles essentielles), criblées (feuilles entières d'un côté, feuilles brisées de l'autre), fermentées et torréfiées. Au final, on obtient du thé noir, fermenté à 100 %. Le thé vert, lui, est seulement flétri et délicatement roulé. Les thés dit semi-fermentés (Oolongs) le sont partiellement. Quant aux thés blancs, ils ne font l'objet d'aucune fabrication : bourgeons ou feuilles sont cueillis, séchés, puis emballés.

Origines et personnalités

À l'heure actuelle, une quarantaine de pays dans le monde produisent du thé, et certains détaillants mettent un point d'honneur à inscrire à leur carte des thés du monde entier (Afrique, Amérique du Sud, Asie – Mineure, centrale, du Sud-Est –, Océanie). Tous ces thés n'ont pas le même intérêt, loin s'en faut. Avant de tester les productions du Zimbabwe (certainement très honorables), préférez l'étude des classiques. Comme dans d'autres disciplines, ce sont eux qui forment le goût.

FAMILLES NOMBREUSES : LES THÉS CHINOIS

En Occident, "thé de Chine" n'évoque généralement dans l'esprit des buveurs de thé dilettantes que le parfum âcre de bois brûlé des très singuliers Lapsang ou Tarry Souchong, ces thés fumés et certes chinois, mais destinés en exclusivité à nos palais "barbares".

Il existe pourtant dans la seule Chine contentinentale davantage de crus de thé que de vins en France. Les très grands crus restent sur place (la demande y est généralement plus forte que la production), et nous n'avons accès qu'aux grands standards de l'importation – parmi lesquels des standards très haut de gamme, de moyenne gamme ou de petite gamme. Il n'en reste pas moins que les thés chinois sont de mieux en mieux représentés sur les cartes de nos détaillants.

Les Chinois classent leurs thés en six grandes familles, par couleur d'infusion.

◆ **Les thés blancs,** non fermentés, fragiles, rares, chers, sont réputés en Chine pour leurs vertus désaltérantes et en France pour leur "subtilité". Traduisez : instruisez vos papilles avant de tester, car vous pourriez passer à côté du plaisir annoncé. Vrai et faux... Car si plusieurs comptoirs proposent le très cher Yin Zhen et le plus abordable Pai Mu Tan, les vrais amateurs s'accordent à dire que les thés blancs d'exportation sont décevants. Afin de juger par vous-même, faites une première expérience en dégustant un thé blanc dans une maison de thé (voir chapitre 5), et si vous êtes conquis, achetez-le sur place.

◆ **Les thés jaunes,** bien plus rares, en fait, que les précédents, non fermentés, appartiennent à la catégorie des thés verts. Ils méritent vraiment qu'on s'intéresse à eux – leur subtilité est, pour le coup, convaincante. À découvrir de préférence également dans une maison de thé.

◆ **Les thés verts,** avec leurs parfums fleuris ou fruités (ils ont selon les cas des notes d'orchidée, de châtaigne grillée, de poire cuite...), offrent un abord plus facile. Désaltérants, longs en bouche, ils séduisent de plus en plus d'amateurs en France. Mariage Frères, le Palais des Thés, Betjeman and Barton et les maisons de thé en proposent plusieurs. Très faibles en théine, ils sont en revanche gorgés de vitamine C, donc excellents pour la santé et stimulants pour la réflexion. Essayez notamment le Puits du Dragon ou Lung Ching, un des plus réputés. Achetez vos thés verts dans un comptoir qui fait tourner ses arrivages. Mieux vaut parfois un choix moins large mais une garantie de fraîcheur. Le thé vert est fragile. Consommé au-delà d'un an après la date de sa récolte, il risque fort de ne pas tenir ses promesses dans votre tasse.

◆ **Les Oolongs** (dits aussi thés bleu-vert) sont semi-fermentés. Ceux de Chine continentale (dont la célèbre Déesse en Fer de la Miséricorde) ne le sont que très faiblement, à la différence des Oolongs de Taïwan, beaucoup plus aromatiques. On les trouve déclinés en plusieurs qualités dans une large gamme de prix. Tous ont des saveurs, moelleuses et longues en bouche, de fleurs, de fruits mûrs et de miel, qui ne laissent que très rarement un palais français indifférent. Privilégiez la qualité, car avec des feuilles "haut de gamme", on peut procéder à plusieurs infusions successives, dont chacune offrira des arômes légèrement différents. Faibles en théine et peu vitaminés, les Oolongs sont souvent recommandés pour les infusions du soir.

◆ Les Chinois appellent **thés "rouges"** (d'après la couleur de l'infusion) les thés fermentés que nous disons "noirs". Ceux que l'on rencontre dans tous les comptoirs, souvent déclinés en plusieurs qualités (du basique à l'excellent), sont les Yunnan – le "roi des thés noirs de Chine", selon les spécialistes, très parfumé et peu astringent, formidable le matin pour un réveil efficace et néanmoins en douceur –, les Szechwan, à la saveur un rien sucrée, et les Keemun, très faibles en théine.

◆ **Les thés "noirs",** selon la classification chinoise, sont des thés post-fermentés (la fermentation se fait en plusieurs étapes), compressés en forme de nid ou de galette. Arômes et saveurs évoquent souvent la terre humide et les premières expériences peuvent se solder par quelques grimaces. Cependant, ces thés bénéficiant d'une extraordinaire réputation – dont celle de dissoudre les graisses et d'éliminer les kilos superflus –, ils ont de nombreux adeptes. Pour atténuer les arômes d'un Pu-Er ou d'un Tuo Cha, mieux vaut "laver" rapidement le nid ou les feuilles dans une première eau avant de procéder à l'infusion. Il faut savoir qu'à côté de ces thés noirs basiques, il existe des thés noirs de grande qualité et souvent très rares, recherchés par un public d'amateurs avertis. À découvrir à la Maison des Trois Thés (voir chapitre suivant).

De nombreux comptoirs proposent des nattes et des briques de thé, formidables pour la décoration, plutôt décevants à la dégustation, mais parfaitement comestibles si vous y tenez vraiment – rendez-vous au chapitre 5 pour un thé tibétain – et des thés façonnés (en bouquet, en étoile, en bouton de fleur, en perle) qui déploient magnifiquement leurs délicats ouvrages dans les tasses en porcelaine blanche translucide. Plaisir de l'œil assuré… mais la qualité des infusions ne justifie jamais le prix à payer. À ce propos, il convient de toujours se méfier de l'épithète passe-partout "subtil" qui ponctue les commentaires des cartes de thés : elle promet parfois des plaisirs inaccessibles…

SUR LA ROUTE DES INDES

À de rares exception près, les thés des "Indes" (Darjeeling, Assam et Sri Lanka – encore appelé Ceylan dans le vocabulaire du thé – pour les trois grandes et principales origines) sont des thés fermentés. Ils entrent, les uns et les autres, dans la composition de nombreux mélanges, mais sont surtout commercialisés sous leur nom de jardin chez la plupart des détaillants. Est-ce la culture du vin qu'ont les Français qui déteint sur leur approche du thé ? L'évolution des cartes de thé prouve en tout cas que nous aimons consommer des "crus", plutôt que des mélanges standards.

◆ Les thés d'**Assam**, vigoureux, tanniques et astringents, ont un goût malté. Très prisés au petit déjeuner, ils "supportent un nuage de lait froid", selon l'expression consacrée, qui révèle leurs arômes.

◆ Les jardins de **Darjeeling,** accrochés sur les contreforts himalayens, produisent des thés d'une légendaire excellence. Dans tous les comptoirs parisiens, on trouve plusieurs bons, voire très bons, mélanges standards de plusieurs jardins de Darjeeling. Ce ne sont cependant pas eux qui vous aideront à percer le mystère de l'adoration quasi mystique que nombre d'amateurs français vouent au dieu Darjeeling. Pour cela, il faut se tourner vers ceux commercialisés sous leur nom de jardin – Castleton, Bannockburn, Jungpana… 71 jardins en tout : des très grands, des grands et des moins grands – et classés par saison de récolte. Celle de printemps *(first flush)* est attendue à Paris avec impatience dès le mois d'avril. Ce sont des thés jeunes, astringents, dont les saveurs, très développées, évoquent celles du muscat ou de l'amande verte. La récolte d'été *(second flush)* donne des thés aux saveurs plus fruitées et moins astringentes. La récolte d'automne *(autumnal* ou *third flush)* offre une infusion très aromatique. Celles d'Arya (surnommée Rose d'Himalaya en raison de son parfum exceptionnel), de Magaret's Hope ou encore de Pussimbing sont parmi les plus réputées. La qualité des récoltes varie d'une année sur l'autre, même dans les plus grands jardins. Les détaillants opèrent donc chaque année des choix personnels dans ceux, préalables, des importateurs. Le nombre de comptoirs parisiens qui offrent un ou plusieurs Darjeeling de printemps ou d'été augmente, la fourchette des tarifs s'élargit, le "champagne des thés" se démocratise. Quelle chance ! À signaler que l'on trouve à présent quelques Darjeeling semi-fermentés et verts qui méritent vraiment qu'on s'intéresse à eux. On peut ainsi essayer l'Ambootia vert chez Betjeman and Barton et le Makaïbari Oolong chez Mariage Frères.

◆ Très appréciés par les Français, les thés du **Sri Lanka** bénéficient toujours d'une large représentation sur les cartes de nos détaillants. Tous les Ceylan ont en commun la couleur d'ambre de leur infusion, mais les saveurs varient considérablement selon les régions de production. Les crus les plus réputés, à la liqueur vive et astringente, poussent dans des jardins d'altitude *(high grown)* des régions de Dimbula (Kenilworth, Petiagalla…), Uva (Saint James, High Forest, Uva Highlands…) et Nuwara Eliya (Nuwara Eliya Estate, Torrington…) – cette dernière région étant renommée pour produire le meilleur des thés de Ceylan.

L'ARCHIPEL DU THÉ VERT

Fait remarquable, le Japon ne produit que des thés verts, dont seulement 5 % environ partent à l'exportation : cela donne une idée de la popularité du thé au Japon. Aujourd'hui, tous les détaillants proposent au moins un Sencha, thé à feuilles plates, très désaltérant. Les thés japonais étant célèbres pour leurs vertus anti-vieillissement (grâce à leur teneur en vitamines C et E), ils ont trouvé un nouveau public et le choix, chez certains détaillants, est de plus en vaste. Testez les différentes qualités de Sencha (le plus fameux – et le plus cher – étant le Gyokuro), mais aussi le Genmaïcha (un mélange de thé vert, de riz et de maïs soufflé) et le Hojicha (grillé, à l'arôme soutenu). Le matcha, thé vert réduit en poudre qui est au centre de la cérémonie du thé, se bat, à l'ancienne mode chinoise, dans un bol avec un fouet en bambou. On aime ou on déteste : dans le premier cas, veillez à le consommer avec modération, car sa teneur en vitamine C est redoutable.

LES AUTRES ORIGINES

Plusieurs pays africains produisent du thé. De très nombreux détaillants proposent le Marinyn, thé du Kenya de grande qualité, comparable à un Assam. Le Palais des Thés, et surtout Mariage Frères, ont inscrit à leur carte plusieurs autres origines : Amérique latine (Argentine, Brésil, Équateur), Océanie (Australie, Papouasie) et Asie Mineure (Géorgie, Iran, Turquie). Ce sont souvent des thés bon marché.

Le "thé rouge"

On trouve à la carte de certains comptoirs (Mariage, Palais des Thés) du Rooibosch ou "thé rouge", produit en Afrique du Sud. Bien que sa liqueur ressemble, par son aspect et sa couleur, au thé, ce n'en est pas. La particularité de cette plante classée à part dans les cartes est de ne contenir aucune théine, mais d'être riche en vitamine C et en sels minéraux. Si le Rooibosch a une saveur naturellement vanillée, on le trouve aromatisé aux agrumes, à la vanille, aux épices, aux fruits.

Des feuilles dans tous leurs états

Entières, brisées, broyées ou réduites en poudre : les feuilles d'une même provenance voient leurs caractères s'accentuer à l'infusion selon leur état. Pour savoir avec quel type de thé on va remplir sa tasse, il faut impérativement décripter les abréviations techniques, qui indiquent les grades du thé.

◆ Les feuilles des thés verts, des oolongs et des thés noirs chinois sont généralement entières. Pour toutes les autres provenances, on précise le grade, qui indique la qualité des feuilles (plus ou moins jeunes) et leur état (entière, brisée, broyée).

◆ La désinence OP (pour orange pekoe) certifie que le thé provient d'une cueillette fine (c'est-à-dire le bourgeon et les deux premières feuilles qui le suivent). Si cette cueillette est précoce dans l'année et le bourgeon non éclos, le thé sera FOP (flowery orange pekoe). Si les pointes *(tips)* des bourgeons sont dorées, le thé devient GFOP (golden flowery etc). Plus on rajoute de lettres à gauche (T pour tippy, F pour finest, S pour special), plus il y a de *tips* dorés et plus la qualité est élevée. Le prix, lui aussi, suit le mouvement. Amateurs d'infusion aromatiques mais légères en bouche, faites vos choix dans ces grades.

◆ Quand un B (pour broken) se glisse devant le OP final, les feuilles sont brisées et les saveurs de l'infusion plus tanniques, plus corsées. Un BOP n'est pas de moins bonne qualité que son homologue FOP. La feuille brisée révèle seulement avec plus de puissance ses caractères.

◆ Quand le thé est réduit en petites brisures *(fannings)*, l'infusion est encore plus corsée. Et la qualité de sa saveur dépendra du grade des feuilles ainsi brisées. Si elles proviennent d'une cueillette fine, le thé aura de bien meilleurs arômes. Le Saint James Fannings, présent chez beaucoup de détaillants, n'est pas d'une identique qualité partout, comme le laissent deviner les écarts de prix.

◆ Les thés suivis du grade pekoe (P) ou souchong (S) proviennent d'une cueillette plus grossière et plus tardive : arômes et saveurs sont moins subtils.

Thé en sachet

Syntagme maudit par les puristes. Les sachets commercialisés en grande distribution qui renferment dans leurs enveloppes de papier des mélanges de poussières brunes produisent un liquide sombre qui n'a que de lointains rapports avec le thé. Notons cependant que la plupart des comptoirs de thé (ainsi que certains linéaires de supermarchés) proposent, dans de délicats sachets en mousseline, des thés en feuilles d'une qualité identique à celle des thés en vrac. Il n'en reste pas moins que l'inconditionnel des thés en sachet, quelle que soit la qualité des feuilles, se prive de l'immense diversité qu'offre le marché du vrac, et du plaisir de découvrir l'univers du thé.

Choisir son thé

Beaucoup de buveurs de thé occasionnels croient à tort que la couleur de l'infusion (plus ou moins foncée) en dit long sur le pouvoir stimulant ou excitant d'un thé.

◆ Il faut savoir d'une part que le taux de théine prêt à se libérer pendant l'infusion varie selon les types de thé. Les thés fermentés (thé noirs) sont les plus riches en théine, mais les thés chinois en contiennent moins que les thés indiens. Les thés semi-fermentés (Oolongs) sont, eux, faibles en théine, et les thés verts n'en contiennent quasiment pas – en revanche, on l'a noté, ils sont riches en vitamine C.

◆ D'autre part, la théine se libère pendant la première minute de l'infusion, avant les tanins qui, eux, colorent l'infusion et neutralisent partiellement l'action de la théine. Inutile donc de réduire le temps d'infusion indiqué pour un thé en croyant le rendre plus léger, car il sera décevant à tous points de vue : sa liqueur sera insipide et elle ne produira que des effets désagréables sur les personnes sensibles aux effets de la théine. Si un thé ne vous convient pas, plutôt que de jouer avec les quantités et les temps d'infusion, changez-en, ce n'est pas le choix qui manque.

◆ Avant d'acheter du thé, il faut donc déterminer le ou les produits souhaités. Thé du matin, de l'après-midi ou du soir ? Goût corsé ou léger ? Saveur fraîche, fruitée, fleurie, boisée ? Thé vitaminé et stimulant ou thé faible en théine ? Thé pour tous les jours ou thé pour les grandes occasions ?

◆ Quelle que soit l'étendue de leur carte, les détaillants de thé en vrac ont réponse à tout, dans toutes les gammes de prix. Ne dédaignez pas les petits comptoirs qui ne proposent qu'une quarantaine de variétés : leurs cartes sont judicieusement conçues et vous y trouverez toujours une ou plusieurs variétés à votre goût. Ne vous laissez pas non plus impressionner par la notoriété ou le décor d'une boutique réputée : les fourchettes de prix sont étonnamment larges partout, et il y aura toujours des thés qui n'excéderont pas votre budget, aussi petit soit-il.

◆ Un détaillant compétent et soucieux du plaisir qu'il vend saura établir un diagnostic de vos goûts et trouver un ou plusieurs thés dans sa carte qui y répondront. Il ne faut jamais hésiter à faire étalage de sa candeur, à prendre son temps, à acheter par quantité de 100 grammes pour faire connaissance.

GRAND SEIGNEUR OU MÉLANGE ?

Est un "grand seigneur" le thé qui, de sa cueillette à la boîte sur l'étagère du marchand, n'a souffert d'aucun mélange avec des feuilles en provenance d'un autre jardin. Mais qualité et quantité des récoltes sont, même dans les jardins les plus prestigieux, tributaires de divers aléas naturels. Seigneur en majesté une année, en disgrâce parfois la suivante. Pour assurer le suivi d'une qualité permanente et d'un goût stable année après année, les *blenders* (spécialistes chargés de faire les mélanges) des grandes maisons ont chacun mis au point leurs recettes. Elles rectifient les caprices de la nature, équilibrent corps et saveurs et réalisent des mariages harmonieux et complémentaires (Assam-Darjeeling, Caravane...).

◆ Tous les comptoirs de thé offrent un ou plusieurs mélanges conçus spécialement pour le petit déjeuner. Corsés dans le goût "anglais", la plupart des "Breakfast" sont redoutablement efficaces et stimulants, à l'égal du café. Partisans d'un réveil en douceur s'abstenir, ou préférer les versions "brunch". C'est Mariage Frères qui détient la plus longue et la plus alléchante carte de mélanges classiques (c'est-à-dire non aromatisés). Les réussites sont très inégales. À goûter, parmi soixante-dix références : Kaiser et Gouverneur pour les réveils en fanfare, Maison de Thé pour les brunchs, Grands Augustins et Darlington pour l'après-midi – ce dernier étant vraiment très réussi.

LES THÉS AROMATISÉS

La tradition de parfumer le thé – en mêlant aux feuilles, pendant un temps déterminé, d'impressionnants volumes de pétales de fleurs frais ou d'écorces de fruits – a vu le jour en Chine. Le plus connu des thés parfumés chinois est au jasmin, mais il en existe aussi à la rose, au magnolia, aux litchees, au chrysanthème, au lotus... Les qualités intrinsèques des feuilles de thé ainsi, parfumées participent pour beaucoup à la réussite du résultat – ainsi, un bon thé au jasmin acheté en vrac remet en question le plaisir que vous preniez depuis des années à en boire dans les restaurants asiatiques.

◆ Il en va tout autrement pour les thés aromatisés dit "fantaisie". L'adjonction d'arômes (par pulvérisation d'essences naturelles ou d'huiles essentielles – zestes, pétales et autres éléments colorés n'ayant de rôle qu'esthétique) dénature bien évidemment la saveur originelle de n'importe quel thé. La plupart des thés qui subissent ce traitement ne sont pas des thés de grande origine. Seule importe la qualité des huiles et des essences utilisées. Si vos journées ne peuvent débuter sans un Earl Grey, testez ceux de Betjeman and Barton, d'Hédiard et de nombreux autres petits détaillants cités dans le chapitre suivant : s'il vous faut traverser tout Paris pour vous réapprovisionner, vous le ferez sans rechigner.

◆ Le marché du thé en France doit beaucoup aux thés aromatisés, à la mode depuis les années soixante-dix : séduisants, ludiques, ils incitent un public varié à s'intéresser au thé. Dans les cercles d'amateurs éclairés, il est de bon ton de dénigrer les thés fantaisie – un conseil, oubliez votre faible pour le thé à la mûre ou le très chic Marco Polo le jour où vous voulez briller en bonne société... –, mais si vous n'êtes encore qu'apprenti amateur, étanchez sans honte votre coupable curiosité de fantaisie tant que le cœur vous en dit. Un jour ou l'autre, un marchand de thé soucieux de votre salut saura trouver les arguments qu'il faut pour votre conversion à la religion du "vrai" thé. Le processus est irréversible : une fois franchi le cap, les thés parfumés perdent tout intérêt. En attendant ce grand jour, allez musarder dans les prés et les vergers : rares sont les fleurs et les fruits oubliés ; certains parfums défient même l'imagination la plus vaillante. Tous les comptoirs cités dans le chapitre suivant accordent au moins un tiers de leur sélection aux thés et mélanges aromatisés.

◆ Jusqu'à une date récente, il n'était de thés aromatisés que noirs mais, le thé vert redevenant fort à la mode, on le trouve à présent dans des versions tout aussi fantaisie. Les plus convaincants : celui aux épices de Whittard (en vente au comptoir de Conran Shop uniquement) et celui aux fleurs de cerisier du Palais des Thés (Fleur de Geisha, grand arôme très fin à prix plancher).

◆ Les grandes maisons, elles, ont mis leur "nez" au travail pour élaborer des mélanges aromatisés dont les seuls noms peuvent fournir aux âmes rêveuses un argument d'achat. Tous, malheureusement, ne sont pas à la hauteur de leurs promesses. Voici quelques idées sélectionnées :

◆ Un grand classique pour les après-midi d'hiver, le duo cannelle-orange ou sa version plus élaborée – épices et orange –, parfois appelée Thé de Noël. À essayer, chez Hédiard, Santa Klaus (une pointe de caramel en plus) ; Noël, mais aussi Thé de Fête (épices et agrumes) chez Mariage Frères. À noter, chez Mariage toujours, le mélange Chandernagor (clou de girofle, gingembre, cannelle, cardamome et poivre).

Autres fantaisies gourmandes

◆ Chez Betjeman and Barton, Kipling (chèvrefeuille et coing), Eden Rose (bergamote, pétales de rose, lavande, vanille), et le Thé des Anges (orange, vanille, jasmin).

◆ Chez Hédiard, Madeleine (lavande, vanille, cerise et trois agrumes), parfait pour le thé glacé.

◆ Chez Mariage, outre le célébrissime Marco Polo (fleurs et fruits), on peut essayer Casablanca (thé vert à la menthe marocaine et thé à la bergamote), Podréa (vanille bourbon, mandarine, rose, bergamote et jasmin), Bal Masqué (lavande, vanille et une pointe de fruits exotiques).

◆ De nombreux détaillants proposent Jardin Bleu (rhubarbe et fraises des bois), Old Man (raisins et noisettes), Inédit (agrumes, vanille et lavande)…

Thé et agrumes

Une association dont le succès ne se dément pas. Aromatisé à la bergamote, aristo et célèbre, le Earl Grey est – dit-on – une recette traditionnelle chinoise découverte par un comte britannique en mission dans l'empire du Milieu.
Depuis, le thé à la bergamote a conquis tous les palais d'Occident et la plupart des détaillants en proposent plusieurs versions pour varier les plaisirs (thés noirs de Chine, de Darjeeling, de Ceylan, thés fumés, thés semi-fermentés...)
Lancé dans les années cinquante pour concurrencer le succès du Earl Grey et titiller les papilles des accros à la bergamote, le Goût Russe est un thé noir aromatisé avec un mélange d'agrumes.
Aujourd'hui, ce mélange est un best-seller dans toutes les grandes maisons.
Essayez Pouchkine (agrumes et bergamote de Sicile) ou, plus léger et sans bergamote, le Summer Blend chez Betjemam and Barton ; Hédiard, dans la maison du même nom ; Ruschka et Aïda chez Mariage ; Douchka chez de nombreux détaillants.

À LIRE

- Kitti Cha Sangmanee, Catherine Donzel, Stéphane Melchior-Durand, Alain Stella, *L'ABCdaire du thé* (Flammarion). Le thé raconté et illustré de A à Z selon le principe de la collection. Utile et agréable pour faire, à bâtons rompus, connaissance avec l'univers du thé, son histoire et ses secrets de fabrication.
- Sabine Yi, Jacques Jumeau-Lafond et Michel Walsh, *Le Livre de l'amateur de thé* (Robert Laffont). Sérieux, complet, technique sans le moindre hermétisme, un passionnant ouvrage de référence.

Sucre ? Citron ou lait ?

Deux questions qui pourvoient assurément à un minimum de conversation autour d'une table à thé, mais qui affectent irrémédiablement la saveur d'un thé. Si le sucre et le citron la dénaturent entièrement, les amateurs de compromis ont cependant trouvé des solutions : du sucre, éventuellement, mais candi ; une rondelle d'agrume, mais d'orange (elle développe, dit-on, l'arôme d'un thé d'Assam ou de Ceylan). Le "nuage de lait" lui, est réputé – à raison – neutraliser les saveurs tanniques parfois vigoureuses de certaines infusions et de thés d'Assam ou de thés à feuilles brisées et broyées. Reste alors à débattre de la question : que doit-on verser en premier dans la tasse, du lait ou du thé ?

Comptoirs parisiens

Il n'a pas été question ici de recenser toutes les adresses parisiennes où acheter du thé en vrac, mais de sélectionner quelques comptoirs où la vente s'assortit d'une réelle compétence. Car si la qualité des thés est bien sûr importante, celle du conseil et de l'accueil ne l'est pas moins et fait souvent toute la différence. Un bon détaillant connaît les caractères et caractéristiques des différents thés qu'il a sélectionnés ; il prend le temps de conseiller ses clients, sait écouter leur attente et les orienter vers un produit qui concilie tout à la fois leurs goûts et leur budget.
Le nombre de variétés de thés référencées varie, d'un comptoir à un autre, de manière parfois spectaculaire. Choisir une boutique parce qu'elle propose deux cents thés quand celle à deux pas de chez soi n'en propose que quarante n'est pas forcément très judicieux. Plutôt que de traverser la ville pour tâtonner longuement face à une liste de thés trop longue, mieux vaut souvent un choix moins ambitieux mais agrémenté d'un conseil suivi et d'un dialogue amical qui se noue au fil des visites. Les cartes des petits détaillants ne sont pas figées : elles évoluent en fonction des goûts et des nouvelles attentes de leur clientèle.

PETITS CONSEILS ET PETITS CALCULS

◆ Les prix affichés de certains grands thés étonnent toujours les néophytes. Bien à tort, car le thé est une des boissons parmi les moins chères qui soient. Si vous avez envie de connaître l'ivresse avec un très grand seigneur de Darjeeling ou un illustre mandarin chinois, mais que le prix affiché pour accéder au vertige vous semble dissuasif, faites un petit cacul rapide. On utilise en moyenne 2 grammes de thé par tasse. 100 grammes achetés 100 francs permettront donc de boire cinquante tasses à 2 francs... Inutile de posséder une Am Ex ou une Visa dorées à l'or fin pour s'offrir le plaisir de boire de grands thés...

◆ Plus le thé est frais, meilleur il est. L'acheter par petites quantités chez un détaillant qui fait tourner ses arrivages est une garantie de qualité. On peut sans problème acheter 500 grammes d'un thé qu'on consomme quotidiennement en grande quantité. En revanche, mieux vaut acheter par 100 grammes les thés consommés en pointillés, car les détaillants sont mieux équipés pour assurer une conservation optimale du produit.

◆ Pour chaque thé acheté, respectez la température de l'eau (de 60 à 95 °C) et le temps d'infusion indiqués par votre détaillant. Une eau trop chaude peut détruire arômes et saveurs, un temps d'infusion trop court ne pas les révéler – trop long, il libérera de l'amertume.

◆ Il en va des thés comme de toutes les bonnes choses : il faut savoir les quitter un moment pour avoir le bonheur de les retrouver. L'acuité du goût et celle du plaisir s'émoussent à toujours fréquenter le ou les mêmes thés. En lâchant la bride à sa curiosité et en demandant conseil aux détaillants, on peut inventer sa carte personnelle de thé : le thé des matins paresseux, le thé des humeurs chantantes, le thé qu'on boit devant la cheminée, le thé des journées studieuses, celui qu'on emporte dans ses bagages au bout du monde et qu'on redécouvre, après l'avoir délaissé, longtemps après... Même sans madeleine, ça marche !

LES ADRESSES

1er arrondissement

Verlet

256, rue Saint-Honoré. Tél. : 01 42 60 67 39

Fermé dimanche et lundi en hiver, samedi et dimanche en été

Tout à la fois comptoir de vente et lieu de dégustation, cette petite boutique – boiseries sombres et belles boîtes anciennes patinées – a un charme nostalgique sans faux pittoresque. Thés et cafés y sont une tradition familiale depuis plus d'un siècle et la sélection de thés en vrac (une trentaine de classiques et autant de thés fantaisie) se complète d'un accueil aussi souriant que compétent. On trouvera ici quelques thés de caractère pour le matin (un Assam FOP ou GBOP, un Grand Yunnan, un Ceylan Saint-James OP, ou encore un mélange dans le goût anglais) et pour le five o'clock, des Darjeeling (Makaïbari first et second flush, Singbulli et Ambootia second flush, Thurbo de la récolte d'automne) et des thés de Chine (un Szechwan ou, pour les amateurs de thés légèrement fumés, les mélanges Impérial Or et Fleurs Blanches). La carte propose également trois thés du Japon dont un Gyokuro (le plus raffiné des thés verts japonais) à prix tout doux.

3e arrondissement

Lapeyronie

3, rue Brantôme. Tél. : 01 40 27 97 57

Fermé le dimanche

Une soixantaine de thés, avec une dominante pour les thés classiques. Toutes les grandes origines y sont représentées. En thés noirs de Chine, on trouve un Yunnan, un Szechwan et un Keemun, ainsi que le mélange Chindoo Caran (autrement appelé Caravane). Dans la palette des thés indiens, outre les Assam, le Jungpana et le Singbulli first flush (Darjeeling), essayez le Poobong, un Darjeeling semi-fermenté, rarement représenté et qui mérite de l'attention. Les cinq ou six Ceylan proposés sont à feuilles entières ou brisées, mais si on aime les saveurs corsées et très aromatiques, il faut tester le Saint-James Fannings. À recommander aussi : pour le matin, le Kenya Marinyn BOP ; pour la journée, le Grand Oolong de Formose ou le très bon Sencha japonais. Côté mélanges, un classique Assam-Darjeeling, deux standards dans le goût anglais et un mélange maison, avec une pointe de bergamote. Les amateurs de thés parfumés ont une vingtaine de références pour satisfaire leur gourmandise.

Le Palais des Thés

64, rue Vieille-du-Temple. Tél. : 01 48 87 80 60

Fermé le lundi

Cette boutique est la dernière-née d'une enseigne qui a le vent en poupe. Un concept bien ficelé et attractif, un décor qui manie l'exotisme avec une sobriété contemporaine : en gageant sur l'idée de faire découvrir les différentes cultures et arts de vivre liés au thé à travers le monde, les Palais des Thés ont su fidéliser leur clientèle. Chaque année, un thème fédérateur préside à différentes mises en scène d'objets et de meubles. Un grand cru est toujours proposé en dégustation et des équipes de vente dynamiques guident le client dans la carte, étendue : deux cent cinquante références où se croisent grandes et petites origines, haut de gamme et basique, classique et fantaisie. Bon choix de grands jardins de Darjeeling en first et second flushes ; belle carte d'Assam (la plupart en TGFOP et TGBOP) ; les Ceylan, nombreux, donnent une idée de la diversité de production de l'île. Les thés de Chine (verts notamment) sont d'une qualité inégale et les Oolongs de Taïwan corrects, sans plus. Les thés japonais intéressants sont ceux du haut de gamme. La carte propose toute une ribambelle de petites productions pour les curieux, des mélanges, sept Goût Russe, dix Earl Grey. Pour la fantaisie, des thés aromatisés – de A(bricot) à Z(ubrovka) – et vingt-cinq mélanges tous bien nommés. Le Thé de Moines (un thé tibétain parfumé avec dix plantes) est une spécialité de la maison et une star au palmarès des ventes. Essayez le thé vert parfumé aux fleurs de cerisier, Fleur de Geisha (le meilleur de Paris). La maison propose une carte de fidélité grâce à laquelle le "théophile" est tenu au courant des événements par la feuille "Bruits de Palais".

Voir les autres adresses dans les 6e, 14e et 16e arrondissements.

Et aussi

La Maison des Colonies

47, rue Vieille-du-Temple. Tél : 01 48 87 98 59

4e arrondissement

Mariage Frères

30, rue du Bourg-Tibourg. Tél. : 01 42 72 28 11

Ouvert tous les jours

Le décor des boutiques Mariage Frères transporte avec succès le Parisien de l'an 2000 au temps des comptoirs de denrées coloniales. À peine s'étonnerait-on d'apprendre que les caisses de thé y arrivent encore à bord de clippers poussés par les vents. L'étendue de la carte (pas loin de cinq cents références) donne le vertige, aiguise la curiosité et offre une réponse à toutes les attentes... quand on sait précisément ce que l'on veut et qu'on peut, d'un coup d'œil expert, compléter les maigres informations soutirées aux vendeurs, toujours courtois mais très inégalement diserts et très également peu compétents. La carte propose des thés du monde entier, des grands et des petits seigneurs, des crus célébrissimes et

d'autres qui gagnent à être connus ; les mélanges de la maison, classiques ou aromatisés et pareillement baptisés de noms qui enflamment l'imagination, révèlent un indiscutable savoir-faire. Les aspirants amateurs seront avisés de potasser la carte de la maison ("L'Art Français du Thé") au calme – sans trop se laisser distraire par les appréciations esthétiques – pour lier connaissance avant de bourse délier. Les tarifs sont parfois un peu ambitieux, parfois très corrects. Prenez votre temps et ayez l'esprit d'aventure, car votre audace sera souvent récompensée.
Voir les autres adresses dans les 6e et 8e arrondissements.

Et aussi :

L'Épicerie

51, rue Saint-Louis-en-l'Isle. Tél. : 01 43 25 20 14

5e arrondissement

La Maison des Trois Thés

5, rue du Pot-de-Fer. Tél. : 01 43 36 93 84

Fermé le lundi

Dans cette maison de thé, spécialisée en thés chinois et taïwanais, les très grands crus ne se dégustent que sur place (se reporter au chapitre 5), mais on peut acheter quelques excellents "petits crus" rigoureusement sélectionnés par un expert en thé chinois pour leur bon rapport qualité/prix. Deux cent cinquante thés environ y sont représentés par an, selon arrivage et toujours par petites quantités qui ne font pas long feu sur les étagères. La gamme des prix est suffisamment étendue pour s'accorder à tous les budgets. Que vous soyez mordu par la passion du thé chinois ou parfait néophyte, suivez les conseils de Yu Hui Tseng les yeux fermés. Elle sait de quoi elle parle. Seul problème : une fois qu'on a goûté aux petites merveilles de mademoiselle Tseng, il faut souvent grimper les pentes de la Montagne Sainte-Geneviève !

La Route du Thé

14, rue Lacépède. Tél. : 01 43 36 63 00

Fermé le lundi

Aux portes du Jardin des Plantes, voici un élégant comptoir de thé qui offre aux promeneurs l'avantage d'être ouvert le dimanche. La carte (une sélection de celle du Palais des Thés) offre un bon choix de grandes et petites origines. Pour les premières : Darjeeling de printemps et d'été – mais goûtez aussi le Darjeeling Oolong et le Sikkim Temi, judicieux échantillonnage d'Assam, quelques Ceylan (Kallebocka FOP et Petiagalla OP), une vingtaine de thés chinois (dont les Lung Ching et Li Yun en thés verts et un honnête Grand Yunnan Impérial en thé noir) et plusieurs thés japonais. Et bien sûr des mélanges, classiques ou parfumés, des thés aux fruits, des Earl Grey et des Goût Russe. Un thé est proposé chaque jour en dégustation.

6e arrondissement

La Brûlerie de l'Odéon

6, rue Crébillon. Tél. : 01 43 26 39 32

Fermé dimanche et lundi

Inutile de sauter dans l'Eurostar si vous êtes en panne de votre Fortnum and Mason préféré, prétendument introuvable à Paris. Cette brûlerie, la plus ancienne de Paris, est aussi le dépositaire de la capitale le mieux approvisionné en thés de l'illustre maison anglaise. Certes, la carte n'y est pas au complet, mais les incontournables (Royal Blend, Fortmason, Prince of Wales, Queen Anne…) et quelques autres vous y attendent, en vrac ou en boîtes.

Les Contes de Thé

60, rue du Cherche-Midi. Tél. : 01 45 49 45 96

Fermé dimanche et lundi

À cette belle enseigne, un choix de cent cinquante thés dans une palette qui court du basique au haut de gamme. Plusieurs grands jardins de Darjeeling y sont représentés, dont certains en first flush. Parmi les Ceylan, quelques jardins d'altitude (Uva, Highlands, Saint-James Fannings). La sélection de thés noirs chinois est de qualité (Keemun, Grand Yunnan, Yunnan Impérial). On y trouve aussi un Fancy Oolong de Taïwan et pas mal de petites origines à tester. La carte des thés classiques est bien fournie, mais les amateurs de thé fantaisie ne seront pas déçus non plus.

Estrella

34, rue Saint-Sulpice. Tél. : 01 46 33 16 37

Fermé dimanche et lundi

Derrière une vitrine qui ne ne paie pas de mine, une très bonne sélection de thés (cent dix à cent vingt variétés en vrac). Clientèle d'amateurs oblige, on suit ici de près les fluctuations de qualité des récoltes ; thés classiques et haut de gamme dominent. Une dizaine de jardins de Darjeeling se relaient, dont plusieurs first flush. La carte propose toujours quelques Ceylan (dont le Kenilworth OP), un ou deux Assam, un Kenya Marinyn BOP et plusieurs thés chinois irréprochables : noirs et non fumés (Keemun, Grand Yunnan, Chingwoo, Szechwan), fumés (plusieurs références), verts (deux à cinq selon arrivage). On y trouve également un ou deux Grand Oolong de Taïwan et un Sencha japonais. Laissez-vous guider, car la maison est de très bon conseil. Pour les thés fantaisie, thés aux fruits, bien sûr, et une douzaine de mélanges aromatisés.

J.C.C.

16, rue d'Assas. Tél. : 01 42 22 44 53

Fermé le dimanche

Un choix de cinquante références, équilibré entre thés et mélanges aromatisés et thés classiques. À noter parmi ces derniers : un Saint-James Fannings (Ceylan), trois grands jardins de Darjeeling (Bannockburn, Soureni et Singtom) ; côté thé chinois, Caravane et Keemun pour les infusions parfumées et légères, un Grand Szechwan, quelques thés fumés (dont un Earl Grey) et un Oolong Fancy. Ce comptoir propose aussi deux thés japonais (verts, donc) : un Sencha et un Genmaïcha. Le tout à petits prix.

Maël et Raphaël

25, rue Mazarine. Tél. : 01 43 54 87 79.

Fermé dimanche et lundi

Une petite ambassade du raffinement indien, à la fois restaurant (très bon) et comptoir de thé. Monsieur Singh, grand amateur de thés d'Assam, dont il est originaire, est un hôte chaleureux et attentif. Il a sélectionné pour sa carte des thés, des Assam bien sûr, mais aussi des Darjeeling, des Ceylan, des thés de Chine et de Taïwan. Quelques bonnes tasses pour le matin : le Phuguri GFOP (Darjeeling), un Yunnan TGFOP ou, pour les réveils vigoureux, les thés d'Assam. Pour l'après-midi, on a le choix entre plusieurs grands jardins de Darjeeling (Singbulli, Thurbo, Lingia, Ambootia vert), des thés chinois verts (Lung Ching, Yong Xi Huo Oing, Long Xu), noirs natures (Grand Szechwan) ou fumés, et des Oolongs de Formose (Jade Oolong et Dragon Noir). La carte propose également des thés au jasmin et un petit choix de thés aromatisés. La qualité est là mais les prix, eux, mériteraient dans plusieurs cas quelques bémols.

La Maison de la Chine

76, rue Bonaparte. Tél. : 01 40 51 95 00

Fermé le dimanche

Une fois booké ici votre grand périple en Chine, poussez votre curiosité jusqu'au comptoir de thé. Pas plus grand qu'une armoire chinoise, il propose de quoi anticiper le voyage avec une petite sélection des différents thés chinois et dix-huit mélanges parfumés très joliment baptisés, dont cette Fontaine des Cinq Phénix (rose et jasmin) ou cet Élixir de Longévité (fruits, épices et amande amère). Quelques très bons crus viennent compléter ce choix, mais ils ne restent pas forcément très longtemps. En outre, ils ne figurent pas sur la carte et il faut penser à les demander. L'accueil est charmant, la carte de présentation claire et les prix très corrects.

Mariage Frères

13, rue des Grands-Augustins. Tél. : 01 40 51 82 50

Ouvert tous les jours

Voir à 4e arrondissement.

Le Palais des Thés

35, rue de l'Abbé-Gregoire. Tél. : 01 45 48 85 81

Fermé dimanche et lundi

Voir à 3e arrondissement.

Tch'a

6, rue du Pont-de-Lodi. Tél. : 01 43 29 61 31

Fermé le lundi

Tch'a, en mandarin, signifie thé. Ceux que Lui Xiang Zhen propose à la vente dans sa maison de thé sont choisis par ses soins sur leur lieu de production. La carte offre un petit échantillonnage de toutes les familles chinoises, mais ce sont les thés verts et bleu-vert (thés semi-fermentés) qui sont les mieux représentés. À noter, deux thés jaunes à prix raisonnables. On y trouve des grands classiques peu commercialisés ailleurs mais là encore, les ruptures de stock sont chose qui arrive. Il faut néanmoins tenter sa chance, et déguster un cru sur place (voir chapitre 5).

Whittard of Chelsea

22, rue de Buci. Tél. : 01 43 29 96 16

Fermé le dimanche

Une antenne de la maison londonienne. Le thé, préemballé, y est vendu en paquet ou en boîte métallique de 125 grammes. Leur carte de basiques propose des standards par origine (Darjeeling, Assam, Ceylan, Nilgiri, Yunnan, Keemun…). Si le thé que vous souhaitez acheter n'est pas proposé en dégustation le jour de votre visite, regardez en bas de l'étiquette à droite le chiffre (de 1 à 4) qui suit la mention *strength* : il indique la nature plus ou moins corsée de l'infusion. À noter, pour le petit déjeuner, un très énergique Ceylan bio (Organic Breakfast) et, pour l'après-midi, l'agréable mélange Chelsea (thés de Chine verts, noirs et Oolongs parfumés avec une pointe de jasmin). La carte propose également des thés aux fruits et, en exclusivité au comptoir Whittard de Conran Shop, des thés verts aromatisés. Aux deux adresses, quand revient le mois de mai, on trouve, à prix modestes, des Darjeeling first flush.

Autre adresse :

Comptoir Whittard, The Conran Shop

117, rue du Bac (7e arrondissement)

7e arrondissement

Café Complet

30, rue de Bourgogne. Tél. : 01 45 55 19 05

Fermé le dimanche

La mention "thé" ne figure pas sur l'enseigne de cette petite boutique, qui en propose pourtant une quarantaine. La carte équilibre thés fantaisie et grands classiques. Les jardins de Darjeeling vont et viennent (cinq à six références en permanence). On y trouve quelques Ceylan réputés (Petiagalla, Kenilworth et Saint James), un Assam GFOP et plusieurs thés de Chine (Grand Keemun, Grand Szechwan, Caravane, ainsi que quatre thés fumés différents). À côté du mélange Strong Breakfast, qui se passe de commentaire, on trouve un classique bien tempéré Darjeeling-Yunnan, adaptable à toutes les heures. Pour les amateurs de Earl Grey, plusieurs références, dont le Dynasty, légèrement fumé, un Fleurs Bleues et un déthéiné.

8e arrondissement

Betjeman and Barton

23, boulevard Malesherbes. Tél. : 01 42 65 86 17

Fermé le dimanche

Cette maison doit son décor et son atmosphère so british à ses origines, puisque qu'elle fut fondée au début du siècle à Paris par deux messieurs anglais. L'élégant décor demeure mais la carte (deux cent cinquante variétés de thés en tout) a délaissé les standards du goût britannique et s'attache aujourd'hui à satisfaire nos exigeantes papilles françaises. Pour qui veut, par exemple, découvrir les Darjeeling, c'est une excellente adresse : en plus des récoltes de printemps très soigneusement sélectionnées chaque année, pas moins de seize grands jardins sont représentés en permanence (la plupart dans le grade GFOP), ainsi que deux thés verts (Puttabong et Ambootia). On y trouve aussi une dizaine de Ceylan en différents grades (dont un Morawakorale FBOP et un excellent Saint James Fannings), quelques thés d'Assam (dont le Gelakey, couleur de tabac blond), un Kenya Marinyn, un thé népalais (Nestprol GFOP), une bonne sélection de thés de Chine et des mélanges étudiés pour chaque heure de la journée. L'adresse est réputée pour la qualité de ses thés fumés : sept variétés en tout dont le Formose Lapsang Souchong Crocodile, le Pointes Blanches et l'Impérial Or, plus légèrement fumé. Thés et mélanges aromatisés sont d'un excellent rapport qualité-prix, tout comme, du reste, l'ensemble de la carte. L'accueil est charmant et réellement compétent. Un thé de la carte est proposé chaque jour en dégustation.

Hédiard

21, place de la Madeleine. Tél. : 01 43 12 88 88

Fermé le dimanche

Sous la verrière de la grande épicerie fine de la place de la Madeleine, une équipe efficace et accueillante s'active autour du comptoir de thé qui totalise aujourd'hui deux cents références environ. Hédiard s'est adjoint depuis trois ans les services de Monsieur Maitra, un très dynamique et compétent maître de thé : sous sa houlette, tout est mis en œuvre pour que chacun reparte avec le ou les thés qui lui donneront entière satisfaction, explications et dégustation à l'appui. La carte propose petits standards passe-partout et grands crus. Pas moins de vingt-cinq Darjeeling (dont un semi-fermenté) et bien entendu, aux dates voulues, des grands first flush. Pour les amateurs de thés au goût relevé, il y des Assam GFOP ou GBOP ou des thés du Kenya, de même caractère que les précédents avec une pointe d'amertume en plus. Les inconditionnels des thés de Ceylan en trouveront ici plus d'une quinzaine. Enfin, les thé chinois sont à l'honneur : trente-cinq variétés en tout, des blancs, des verts (essayez le White Monkey avec ses bourgeons duveteux), des noirs – plusieurs Yunnan dont un Céleste –, des noirs fumés, des semi-fermentés. La carte propose également des mélanges dont un Brunch (Darjeeling-Assam) ou, plus fin, le Mélange du Maître. Lequel maître réalise à la demande des mélanges sur mesure. Outre la qualité indiscutable des produits Hédiard, il faut insister sur la gentillesse et la compétence de l'accueil dans cette maison. Le très agréable salon de thé à l'étage en est un parfait exemple. Il propose une carte de qualité et si vous avez repéré en bas, au comptoir, un thé que vous aimeriez goûter mais qui ne figure pas à la carte, soyez assuré que s'il n'y a pas affluence au salon de thé, on se fera un plaisir de vous satisfaire sans vous prendre pour un enquiquineur.

Mariage Frères

260, rue du Faubourg-Saint-Honoré. Tél. : 01 46 22 18 54

Ouvert tous les jours

Voir à 4e arrondissement.

Torréfaction Marbeuf

25, rue Marbeuf. Tél. : 01 47 23 95 75

Fermé samedi et dimanche

Une soixantaine de thés, classiques et fantaisie. La sélection associe standards basiques et grands crus. Essayez le Yunnan Céleste (Chine noir non fumé) et sa version composée avec le Gelakey, un thé d'Assam, ou encore le mélange Inde-Ceylan avec une pointe de Yunnan. Autres bonnes feuilles : le Saint James Fannings et le Kenilworth BOP (Ceylan) ou encore l'Assam Doomi. Quatre variétés de thés fumés pour les amateurs. Et à la rubrique thés parfumés, deux Earl Grey (dont un fumé), deux Goût Russe, des thés aux fruits et des mélanges aromatisés.

Twinnings

76, boulevard Haussmann. Tél. : 01 43 87 39 84

Fermé dimanche et lundi

Tout le monde connaît les grands basiques de cette vénérable institution anglaise, fondée à Londres au début du XVIIIe siècle. La petite antenne parisienne propose, en plus des grands standards commercialisés dans leurs boîtes métalliques cubiques, une soixantaine de références en vrac. Pour les classiques : des Darjeeling (dont Castleton et Yungpana, mais aussi un Pointe Blanche), un Assam GFOP, un Ceylan BOP d'altitude, des thés de Chine non fumés (Keemun Impérial et Grand Yunnan) et fumés (trois variétés), des thés verts parfumés (banane, cannelle, jasmin) et un Oolong de Formose. Plusieurs variétés de thés aux fruits complètent la carte, le tout à très petits prix.

Et aussi :

Fouquet

22, rue François-Ier. Tél. 01 47 70 85 00

9e arrondissement

Cafés Marna

24, rue du Faubourg-Montmartre. Tél. : 01 47 70 33 43

Fermé samedi, dimanche et lundi

Une sélection de quatre-vingt-cinq thés, moitié classiques, moitié fantaisie. Au nombre des premiers, on trouvera plusieurs grands jardins de Darjeeling et quelques standards – des Ceylan (dont le Kallebocka, doux et malté, et le Saint James Fannings), deux Assam (BOP et GFOP) et quelques grands classiques chinois noirs (plusieurs Yunnan, Szechwan, Keemun), et plusieurs thés fumés. Côté Oolongs, la carte propose un Oolong Fancy de Formose et un Grand Oolong de Chine, le Tieh Kuan Yin (la très fameuse Déesse en Fer de la Miséricorde, aux saveurs boisées). Deux thés japonais pour les amateurs de feuilles vertes et vitaminées : le Sencha et le Genmaïcha. Parmi les thés fantaisie, une vingtaine de mélanges.

À la Mère de Famille

35, rue du Faubourg-Montmartre. Tél. : 01 47 70 83 69

Fermé dimanche et lundi

Les fixés sous-verre de la façade attirent l'œil du flâneur et un examen plus approfondi de la vitrine l'incite à entrer chez cette mère de famille qui en sait long sur la gourmandise des petits et des grands. Après avoir craqué – ou héroïquement résisté – devant les chocolats maison, intéressez-vous au rayon thé. L'échantillonnage n'est pas immense (une trentaine de variétés) mais rigoureusement sélectionné. On y trouve un mélange maison (Mère de Famille : Ceylan, Darjeeling, Gunpowder) et de très bons thés classiques de Darjeeling (dont un Singtom GFOP), des Ceylan d'altitude aux arômes puissants (Kenilworth OP) et un Assam GFOP.

Et aussi

Brûlerie Nouchka

45, rue Condorcet. Tél. : 01 40 16 04 68

12e arrondissement

Valade

21, boulevard de Reuilly. Tél. : 01 43 43 39 27

Fermé dimanche et lundi

Cent vingt thés environ à la carte, dont une bonne moitié de thés classiques. En thés chinois sont représentés deux thés blancs très abordables, deux qualités différentes de Keemun et de Szechwan, un Grand Yunnan TGFOP et, en thé vert, le très fameux Puits du Dragon. À essayer, ceux parfumés selon la méthode traditionnelle chinoise : le Kwaï Flower (un Oolong au pollen de laurier) et le Gui Hua (thé vert aux fleurs de pêcher). En Darjeeling, deux standards FOP et GFOP et, selon arrivage, des récoltes de printemps, d'été et d'automne à surveiller. En Ceylan, goûtez le Nuwara Eliya FOP et le Saint James, en feuilles entières (OP) ou Fannings. Ce comptoir propose aussi des thés à feuilles entières de Géorgie et de Turquie et deux Oolongs de Taïwan, dont un Dragon Noir à prix intéressant. À la carte des mélanges, on peut essayer le Breakfast, et pour changer du Earl Grey traditionnel, le Earl Charles, un thé noir légèrement fumé, aromatisé à la bergamote avec une pointe de fruits rouges.

La Brûlerie du Rendez-Vous

7, rue du Rendez-vous. Tél. : 01 43 43 91 74

Fermé le dimanche après-midi et le lundi

Une carte de cent vingt thés assortie de conseils pointus et d'invitations à découvrir des origines et des saveurs nouvelles. La palette de thés classiques, étendue, propose tout à la fois basiques et références haut de gamme. Pour ces dernières, on a le choix entre quelques grands jardins de Darjeeling (Soureni, Puttabong, Sikkim Temi) et de Ceylan (Kenilworth et Torrington), un Assam TGFOP, un Dragon Noir de Taïwan et plusieurs thés de Chine (Grand Szechwan, Yunnan Céleste et Keemun). Pour les fantaisies classiques : cinq variétés de thés fumés, plusieurs Earl Grey et Goût Russe. La maison réalise quelques mélanges de son cru, classiques ou parfumés, et en concoctera sur mesure avec grand plaisir à qui le souhaite.

À Trianon

74, boulevard Soult. Tél. : 01 46 28 12 78

Fermé dimanche et lundi matin

Parmi les soixante-dix thés proposés, seulement un tiers environ de thés classiques : un Darjeeling GFOP et un first flush, un Assam, quelques Ceylan, plusieurs thés de Chine noirs et noirs fumés. Essayez le White Monkey (thé vert chinois) et, pour les réveils récalcitrants, le Mélange des Seigneurs (Assam-Yunnan). La palette des thés et des mélanges fantaisie est beaucoup plus étendue.

14e arrondissement

Laffarge

59, rue Sarrette. Tél. : 01 45 40 73 09

Fermé dimanche et lundi

Une centaine de thés et, dans la gamme des classiques, de grandes origines représentées par des références plutôt haut de gamme. La palette des Darjeeling se décline du standard de base aux first et second flushes. Pour les amateurs d'Assam, quatre références (BOP, GBOP et deux grands FOP). Les Ceylan (OP, BOP et FOP) ont poussé en altitude (Kenilworth, Uva Highlands) et les thés noirs de Chine ont en commun d'être "Grands" (Yunnan, Szechwan, Keemun). Goûtez aussi le Panyon, légèrement acidulé, les deux thés verts chinois (Mao Jiang et Mao Feng). On trouve aussi ici des thés fumés et deux Oolongs de Formose, dont le Dragon Noir.

Le Palais des Thés

25, rue Raymond-Losserand. Tél. : 01 43 21 97 97

Fermé le dimanche

Voir à 3e arrondissement

La Théière

118, boulevard du Montparnasse. Tél. : 01 43 27 22 00

Fermé le dimanche

Quatre-vingts thés, dont beaucoup de grands crus pour remplir votre théière de feuilles haut de gamme, sélectionnées par un amateur exigeant. Darjeeling de printemps et d'été, Ceylan d'altitude, un Assam Doomi GFOP, Grand Szechwan et Yunnan Céleste… la carte se concentre sur les grandes origines. À retenir tout particulièrement, un Oolong de Darjeeling (Poobong), le Gu Zhiang Mao Jian (thé vert chinois d'altitude, énergétique et parfumé). Le comptoir propose deux mélanges de Ceylan de son cru : Alexandra, des grandes feuilles très aromatiques, et Victoria, aux saveurs plus corsées. À la carte des thés et mélanges parfumés, un Goût Russe maison baptisé Caucase. Et aussi, bien sûr, cinq variétés de thés fumés et plusieurs Earl Grey.

16e arrondissement

Friandises d'Auteuil

2, rue de Géricault. Tél. : 01 42 88 74 42

Fermé le dimanche après-midi et le lundi

Une quarantaine de thés seulement, car le parti pris de ce comptoir gourmand n'est pas d'impressionner par l'étendue de son choix mais de garantir la fraîcheur de vos feuilles préférées en faisant tourner les arrivages. La carte, moitié fantaisie, moitié classique, ne permettra pas de faire de grandes découvertes mais pourvoira très honnêtement à toutes les tasses quotidiennes avec un Darjeeling standard, un Assam GFOP, trois Ceylan (OP, BOP et Strong Breakfast), un Kenya FOP, un Grand Yunnan, un Keemun et un Caravane pour les thés noirs de Chine, et trois thés fumés. Des thés aux fruits et une quinzaine de mélanges parfumés complètent cette carte.

Le Palais des Thés

21, rue de l'Annonciation. Tél. : 01 45 25 51 52

Fermé dimanche et lundi

Voir à 3e arrondissement

Et aussi :

Boissier

184, avenue Victor-Hugo. Tél. : 01 45 04 87 88

Colom

150, avenue Victor-Hugo. Tél. 01 47 27 90 30

17e arrondissement

La Brûlerie des Ternes

10, rue Poncelet. Tél. 01 46 22 52 79

Fermé dimanche après-midi et lundi

Une centaine de variétés de thés, dont un tiers environ aromatisés. Au choix parmi les thés noirs classiques : cinq Darjeeling, des Assam feuilles entières ou BOP, quelques Ceylan et plusieurs thés chinois (Grand Yunnan, Keemun, deux Szechwan). On y trouve aussi des thés verts (Mao Feng, Gu Zhiang Mao Jian et un Sencha japonais) et un Grand Oolong de Taïwan. La maison, qui propose un mélange maison pour le petit déjeuner (Brunch de Passy), réalise également des mélanges à la demande.

LES ÉPICERIES FINES DES GRANDS MAGASINS

◆ Au **Printemps de la Maison,** on trouve un corner Betjeman and Barton, avec une sélection de la carte de la maison mère.

◆ Le comptoir des thés en vrac de **La Grande Épicerie du Bon Marché** propose une plutôt bonne sélection de thés classiques et aromatisés, sur laquelle ne figure malheureusement pas l'indispensable mention "accueil compétent et souriant". Autre détail : la liste des thés, calligraphiée sur une ardoise haut perchée contre un pilier, est d'une lecture malaisée et les différentes variétées y sont inscrites sans le moindre souci de classement, ce qui est un peu décourageant. Un comptoir à ne fréquenter que si vous êtes un amateur de thé un peu aguerri.

◆ **Lafayette Gourmet** propose à son comptoir de vente et de dégustation une soixantaine de références, dont vingt-deux thés parfumés. On y trouve, côté Darjeeling, les jardins Lingia et Soureni (les deux TGFOP), les récoltes de printemps de Risheehat et Seeyok, celles d'automne de Maikaïbari et Margaret's Hope. À signaler, pour anglophiles et fans, un mélange himalayen et princier, le Diana's Tea. Les amateurs de thés corsés pourront essayer le népalais Golden Gorkhalori TGFOP, le Marinyn GFOP originaire du Kenya et les Ceylan (Uva Highlands BOP pour une infusion robuste ou, plus léger, le Kenilworth OP). La carte propose en outre un petit assortiment de thés de Chine, deux thés d'Indonésie, quatre mélanges à l'anglaise et trois thés japonais. Cette carte fait vraiment des efforts et les prix sont très raisonnables.

Thé bio en VPC

Une idée qui devrait séduire tous les partisans du slogan "Sauvons la planète". La carte des Jardins de Gaïa propose entre autre des Darjeeling first flush (dont Singell et Chamong) et second flush (dont Minjoo et Makaïbari). Pour connaître les adresses de leurs (nombreux) dépositaires à Paris ou pour recevoir leur catalogue et commander par correspondance, téléphonez au 03 88 85 88 30 ou tapez : www.croquez-nature.com/jardins_de_gaia.

CHAPITRE 2

Objets du culte

Tout snobisme mis à part, il est vrai que l'ivresse du buveur de thé doit beaucoup à la qualité du flacon. Rien ne sert d'acheter de bons thés si on ne les prépare pas dans les règles de l'art, avec des ustensiles appropriés. D'abord en Chine ancienne, puis dans toutes les civilisations qui l'ont accueilli, le thé s'est peu à peu entouré de gestes rituels et patients et il a inspiré la création d'objets dédiés à lui seul. Chez soi, avec ses thés préférés, on brode à sa guise autour de l'imaginaire du thé. Les beaux objets ne sont pas forcément une histoire d'argent. Les lettrés chinois, qui n'étaient pas toujours fortunés, passaient leur vie entière à "chiner" des objets à leur goût et à la portée de leur bourse pour doubler d'un plaisir esthétique celui de la dégustation de leurs feuilles préférées. Ce chapitre s'adresse donc aux Parisiens talonnés par les impératifs quotidiens. Que les autres prennent leur temps, ce ne sont pas les boutiques qui manquent à Paris.

Histoire d'eaux

De la qualité de l'eau dépend celle de l'infusion. Une évidence depuis longtemps connue des Chinois : le merveilleux Puits du Dragon n'infuse à la perfection que dans l'eau de la source des Tigres Galopants. Il n'y en a pas chez Colette, le fameux bar à eau branché ? Renoncez aux exigences des maîtres de thé chinois, méditez *Le Livre du thé d'Okakura* ("La voie du thé [...] est, par essence, un culte de l'Imparfait") et filtrez l'eau du robinet. Cette solution s'impose comme la plus simple et la plus économique. Les rayons électro-ménager de tous les grands magasins parisiens diffusent carafes et cartouches qui corrigeront la saveur discutable des eaux municipales. Pour les très grands crus, une fois n'est pas coutume, on peut pousser le souci de la perfection jusqu'à utiliser une eau de source. Les plus neutres et les plus appropriées sont en général les moins chères, commercialisées dans toutes les épiceries de quartier.

Si toutefois vous réussissiez à vous procurer quelques décilitres de la fameuse source des Tigres Galopants, l'exploit mériterait une très belle bouilloire : japonaise au Palais des Thés, chinoise et posée sur un réchaud à huile à la Maison des Trois Thés – les deux sont en fonte et de toute beauté. Pour faire bouillir l'eau filtrée, direction les rayons arts de la table des grands magasins : basiques, nostalgiques, futuristes, électriques, toutes les bouilloires feront l'affaire.

Les théières

La théière est le précieux réceptacle de vos futures ivresses. En décodé, l'objet indispensable, l'achat de base. Et si vous n'en faites qu'un, c'est celui-là.

La tentation est souvent grande de se laisser guider par des considérations esthétiques. Pourtant, avant de craquer pour une japonaise en fonte ou une anglaise excentrique mieux vaut considérer quelques points techniques.

Quelle que soit sa valeur d'origine, une théière devient précieuse à l'usage. Au fil des infusions successives, les tanins couvrent d'un dépôt brun ses parois intérieures. Plus ce dépôt s'accroît, meilleure est l'infusion. Une théière se culotte, de la même manière qu'une pipe, et se rince uniquement à l'eau claire, sans adjonction de produit détergent. Elle sèche, couvercle ôté, à l'air libre, dans un endroit où elle n'absorbera pas d'odeur indésirable.

Si l'on a coutume de boire plusieurs sortes de thé, l'idéal est de posséder plusieurs théières. Un thé vert ou un Darjeeling rechigneront à révéler leurs arômes dans une théière qui a longuement fréquenté les thés fumés ou aromatisés. Il faut donc une théière pour les thés noirs non fumés (Inde, Ceylan ou Chine), une pour les thés fumés, une pour les thés verts et semi-fermentés et une, enfin, pour les thés aromatisés.

Les théières en terre cuite

Celles qui ont la faveur des amateurs viennent des fours de Yi-Xing, en Chine. La terre de Yi-Xing donne une argile de qualité exceptionnelle, qui se culotte rapidement et qui conserve une température constante le temps nécessaire à l'infusion. La gamme de couleurs des Yi-Xing va du chamois au brun pourpre. Légèrement rêches au toucher quand elles sont neuves, leurs parois deviennent peu à peu douces et satinées. Ces théières, précieuses, réclament tout comme le thé des soins attentifs. Elles existent en plusieurs contenances. Celles qui, minuscules, évoquent irrésistiblement une dînette de nursery, sont individuelles et destinées à la préparation du gong fu cha (voir chapitre suivant, les maisons de thé). Les plus courantes ont une contenance d'environ 0,4 litre, soit deux tasses ou un bol, et sont idéales pour les thés semi-fermentés. Le plus grand choix se trouve chez Tch'a, à la Maison des Théières (à l'époque des fêtes de fin d'année – 17, rue de l'Odéon et 13, rue de Vaugirard, dans le 6e arrondissement), chez Betjeman and Barton et chez Mariage Frères (le modèle Marco Polo, d'une contenance de 1,4 litre, s'inspire d'un grand classique de l'époque Ming). Petit nota bene : renommée du produit et augmentation de la demande un peu partout dans le monde aidant, tout ce qui a la couleur de la terre de Yi-Xing n'en est pas forcément. Avant de dépenser des sommes folles, demandez l'avis d'un connaisseur.

On peut remplacer le Yi-Xing par une terre cuite non vernissée. Tous les rayons Arts de la Table des grands magasins en proposent à petits prix, et la plupart ont un infuseur en terre amovible.

Les théières en porcelaine

En Chine, les théières Yi-Xing avaient les faveurs des lettrés (qui soutenaient de leurs vers les étonnantes recherches formelles des potiers), mais la Cour préférait celles, infiniment plus délicates, en porcelaine. La porcelaine conserve elle aussi la chaleur, convient à tous les types de thés mais s'adapte particulièrement bien aux thés verts et aux Darjeeling.

Les théières en fonte

Les théières japonaises en fonte, émaillée à l'intérieur, sont, de l'avis de nombreux amateurs, les réceptacles idéaux pour tous les thés. Beaux objets lourds et fragiles, elles craignent les chocs et les attaques sournoises de rouille, et certaines versent à côté de la tasse plutôt que dedans. Les tailles débutent dans l'infiniment petit et progressent vers des proportions plus familières. Tous les comptoirs sans exception en proposent dans leur rayon accessoires. Grande gamme à prix plancher à la Maison des Théières ; belle gamme à prix idoines chez Mariage Frères ; petite gamme à prix corrects au Palais des Thés, chez Betjeman and Barton et chez Twinnings ; grande et belle gamme, et à prix plus que correct, aux Contes de Thé.

La faïence émaillée

Tout rond, des parois ni trop épaisses ni trop fines, doté d'une anse parfaitement ergonomique et d'un bec verseur qui obéit au doigt et à l'œil, c'est le *tea pot* anglais basique, un grand classique irremplaçable, le moins cher et le plus solide de tous. Dans les rayons arts de la table des grands magasins, on le trouve décliné en plusieurs tailles et dans toutes les couleurs. Dans une de ses versions les plus traditionnelles, il est marron chocolat avec trois bandes de couleur (orange, vert et jaune) au-dessus de l'anse. Vous n'épaterez personne avec ce réceptacle, mais il vous rendra de bons et loyaux services.

Le verre

Transparence et design contemporain le plus souvent : les théières en verre ne conservent aucune odeur. On peut passer d'un thé à un autre. Pratique pour les amateurs de thés aromatisés. Sans plus.

Les théières à enveloppe isotherme, métallique et amovible

Certaines sont dotées d'un infuseur métallique. Elles sont rondes comme des balles, blanches ou brunes et posées sur trois pieds boules chez Mariage Frères ; trapues au Palais des Thés et déclinées en plusieurs tailles (de deux à six tasses) et plusieurs couleurs (blanc, noir, bleu gitane ou canard, jaune). On en trouve aussi dans les grands magasins.

Les théières métalliques

En étain ou en argent, ouvragées à l'ancienne ou d'un design contemporain, elles donnent à toute table à thé un côté grand siècle, grand style, grand hôtel… Elles conviennent pour les thés corsés et riches en tanin (thés d'Assam, de Ceylan, d'Indonésie ou d'Afrique). Les amateurs d'argenterie anglaise du XIXe siècle iront chez Betjeman and Barton, où Katherine Gregory propose en permanence une trentaine de pièces, dénichées au hasard des ventes et pomponnées avant d'entrer dans la boutique.

Les tasses à infuser

Traditionnel, évasé et en très fine porcelaine, c'est le zhong (en cantonais, guywan en mandarin) chinois, outil favori de tous les buveurs de thés blanc et verts. On dépose une pincée de feuilles directement dans le zhong et l'on utilise le couvercle pour boire l'infusion sans manger les feuilles en même temps. Un coup de main à prendre… Objets que l'on trouve difficilement ailleurs que chez les spécialistes (Tch'a, Maison des Trois Thés). Profitez de l'occasion pour faire une dégustation-entraînement sur place.

Made in England, très pratique pour préparer rapidement (et néanmoins dans les règles de l'art) une tasse individuelle au bureau par exemple, c'est la "mug" (tasse haute à anse), agrémentée d'un couvercle et d'un infuseur amovible. Tous les magasins de thé qui cultivent l'anglomanie en vendent (Betjeman and Barton, Twinnings, Les Contes de Thé...). Une curiosité : les "mugs" pourvues d'un repose-moustache (chez Mariage Frères).

Théières "folles"

Les premières théières de style figuratif furent conçues par les potiers de Yi-Xing au XVIIe siècle : fleurs de lotus, fruits, dragons, pagodes... pour ne citer que les formes les plus courantes. Véritables objets d'art, elles rivalisaient d'imagination et influencèrent considérablement les potiers occidentaux, notamment en Angleterre, lorsqu'elles y parvinrent en même temps que les chargements de thé. Les pagodes devinrent des cottages et des manoirs, les dragons, des animaux familiers de la campagne anglaise, les fruits, ceux des vergers. Aujourd'hui, le répertoire des théières folles est infini et toujours plus excentrique : bestiaire, maisons, bahuts, personnages... Un grand nombre de ces théières ont un défaut majeur : elles versent mal. À réserver plutôt aux collections qu'à un usage quotidien.
Les plus grands choix : les Contes de Thés, Betjeman and Barton, Twinnings.

Infuseurs

Les feuilles de thé ont besoin de place pour se déployer et doubler de volume. Les comprimer dans une boule ou une cuillère (en métal perforé ou à maille métallique) trop étroites nuira à la qualité de l'infusion. Quand une théière ne possède pas d'infuseur incorporé et amovible, la meilleure solution consiste à le remplacer par des filtres en papier jetables ou, éventuellement, par une "chaussette" en coton (non traité) si on utilise toujours le même type de thé. Mais ces chaussettes-là ne se lavent bien évidemment pas et il faut en changer souvent. Filtres et "chaussettes" sont vendus dans tous les comptoirs de thé.

N.B. : la notoriété de tel ou tel lieu influe considérablement sur le prix de ces outils, rigoureusement identiques partout.

Boîtes à thé

Fragile, le thé a des ennemis : l'air, l'humidité, les odeurs de l'environnement et la lumière. Un bon récipient pour le conserver doit donc avoir deux qualités essentielles : herméticité et opacité. Une boîte à thé ne sert qu'au thé et qu'à un seul type de thé (noir non fumé, noir fumé, parfumé, etc.).

La plupart des comptoirs de thé offrent un grand choix de boîtes métalliques fantaisie. Pour une conservation optimale, préférer les modèles munis d'un double couvercle ou, plus simplement, ceux qui – sur le modèle des grandes boîtes cylindriques de certains détaillants – ont un couvercle rond bien emboîtant qui chasse l'air quand on le referme. En métal laqué, on les trouve au rayon accessoires des grands détaillants (rouges, noires ou vert forêt chez Betjeman and Barton ; rouges chez Hédiard ; noires chez Mariage Frères ; blanches, brun rouge, noires ou prune au Palais des Thés ;

prune, violettes et parme à la Maison de la Chine). Dans le registre des beaux objets asiatiques, on trouve aussi des boîtes en céramique émaillée (Compagnie française de l'Orient et de la Chine, Palais des Thés, Mariage Frères), en métal recouvert d'écorces de cerisier, avec double couvercle (Palais des Thés et Mariage Frères), en étain (La Maison des Trois Thés).

Petits objets

On utilise en moyenne deux grammes de thé par tasse, et la bonne mesure en compte une de plus pour la théière. Une cuillère à café fait parfaitement l'affaire, mais les amoureux du détail trouveront dans les comptoirs de thé des petites mesures ouvragées en métal, en nacre, en corne ou en bois. Les inquiets et les distraits verront peut-être un intérêt à posséder un minuteur tout spécialement conçu pour le thé.

Des styles et des boutiques

Pour cultiver le charme discret des grands classiques ou bousculer les styles convenus en créant des rencontres inattendues, voici une petite sélection d'adresses où choisir des objets qui entoureront la préparation et la dégustation du thé de soin et d'imaginaire.

SOLEIL LEVANT

Kimonoya

11, rue du Pont-Louis-Philippe (4e). Tél. : 01 48 87 30 24

Le Chat Huant

50, rue Galande (5e). Tél. : 01 46 33 67 56

À ces deux adresses, tout pour l'art du thé japonais. Pour le matcha, bols hauts, petites mesures, fouets en bambou, petits linges. Mais aussi des théières et de jolies collections de petits bols variés, de formes classiques ou plus contemporaines.

C.F.O.C.

167, boulevard Saint-Germain (6e). Tél. : 01 45 48 10 31

Année après année, la Compagnie française de l'Orient et de la Chine est toujours et encore une mine inépuisable pour les terres cuites émaillées chinoises. La collection de bols bleu ciel "Song" est un peu épaisse, mais promet une harmonie heureuse avec le vert profond du matcha.

Galerie Sentou

26, boulevard Raspail (7e). Tél. : 01 45 49 00 05

Pour les bols et mini-bols en porcelaine blanche gondolée de la collection "Affamé" des Tsé-Tsé Associés.

La Paresse en Douce

97, rue du Bac (7e). Tél. : 01 42 22 64 10

Une enseigne alléchante et une très délicate gamme de petits bols en céladon japonais aux coloris tendres. Des merveilles plutôt abordables pour le quartier.

LE TEMPS DES CARAVANES

La Route d'Alexandre

5, rue de la Bûcherie (5e). Tél. : 01 43 25 97 00

On trouvera dans certains comptoirs de thé des samovars électriques, mais ici, ils sont traditionnels et anciens (à charbon donc), en argent ou en cuivre doré, ouvragés ou non, petits ou grands. Le grand style. Pour découvrir plus avant les splendeurs persanes, cette boutique propose toutes sortes de petits trésors traditionnels : gobelets en métal ciselé, théières argentées ou étamées et, pour amateurs de pièces anciennes et précieuses, des théières "gardenere" d'Asie centrale, bordeaux ou lapis-lazuli. Belles boîtes à thé indiennes en bois et à tiroirs.

THÉ
DANS UN JARDIN ANGLAIS

Chez Twinnings, on trouvera le grand et beau (néo) classique blanc et bleu Spode, tout un assortiment de mugs, quelques théières excentriques. Chez Betjeman and Barton, les porcelaines arborent des motifs floraux et végétaux maison : mugs (dont certaines à couvercle et avec infuseur), services en porcelaine complets pour les parfaites maîtresses de maison. Mais aussi des petits accessoires à dépareiller selon les besoins de chacun. Explorez bien la vitrine, il y a toujours une pièce qui joue à cache-cache.

MÉLI-MÉLO

Les Contes de Thés

60, rue du Cherche-Midi (6e). Tél. 01 45 49 45 96

La diversité des styles qui cohabitent dans cette petite boutique est de prime abord déroutante mais au total, il y a beaucoup de trouvailles à y faire, dans tous les goûts et à prix très raisonnables. À côté d'un abondant choix de théières figuratives (sur le thème animalier notamment), on trouve des théières japonaises et des bols en céladon, des faïences et des porcelaines anglaises blanc et bleu, des mugs avec ou sans couvercle et, bien entendu, boîtes à thé, plateaux, couvre-théières, passoires, infuseurs, etc. Sans oublier quelques gourmandises parfumées au thé : chocolat noir, sablés et gelées. Le lieu, on l'a vu plus haut, vend aussi des thés en vrac. La dame de céans est charmante, compétente, elle adore bavarder et quand un nouveau client entre, la conversation continue à trois. Le thé est souvent au centre de cette convivialité. Une adresse qui mérite de grands détours.

CHAPITRE 3

Tasses de thé parisiennes

La France, le thé et l'Angleterre, c'est un peu l'histoire de l'élève qui veut surpasser son maître. En s'émancipant de la tutelle du goût britannique, la France a développé, en un temps somme toute record, une culture du thé qui lui est spécifique. Aujourd'hui, on recense à Paris bien plus d'enseignes de salons de thé qu'à Londres. Certes, des intrus viennent grossir la liste : cafés BCBG et bistrots de quartier usurpent le titre "salons de thé" comme d'autres les quartiers de noblesse. Mais les vrais salons de thé (ceux qui proposent une carte de thés digne de ce nom) ne se préoccupent de thé qu'aux heures creuses de l'après-midi quand, la vague du déjeuner passée, les tables se libèrent. Le créneau est étroit...

Sur les salons de thés parisiens, nulle zone d'ombre ne subsiste. Tout a été écrit dix fois plutôt qu'une. Les salons de thé cités ici ne le sont pas dans la perspective d'établir un "best of" : les thés y sont très bons ou bons, bien sélectionnés et bien préparés, les lieux ont du charme. Bref, ces salons de thé-là, en ce moment, nous les aimons. Nous vous proposons donc deux parcours à tisser librement dans Paris selon l'inspiration du jour et de l'heure.

Grands seigneurs, grands voyages

Avec les grands seigneurs, une parcelle du monde, intacte, se déploie en couleurs, arômes et saveurs dans la tassc. Pour qui veut décamper au pied levé du pavé parisien et dévorer quelques fuseaux horaires, il suffit de choisir sa destination. Inde ? Chine ? Cap à l'est de toute façon. Quelques lieux privilégiés offrent au Parisien le loisir de s'abandonner pour quelques heures au *sentiment géographique.*

QUELQUES HEURES DANS UNE MAISON DE THÉ

La Maison des Trois Thés

5, rue du Pot-de-Fer (5e). Tél. : 01 43 36 93 84

Cette maison de thé taïwanaise a la taille d'une maison de poupée, mais sa carte de dégustation est d'une qualité si exceptionnelle que la réputation du lieu et celle de Yu Hui Tseng, maîtresse de maison et maître de thé, courent le monde dans le cercle des initiés. Nul besoin d'en faire partie cependant pour approcher le vif du plaisir, et les amateurs de vin se découvriront ici en territoire familier. D'ailleurs, la clientèle est plutôt masculine. La dégustation d'un thé chinois sollicite les mêmes sens que celle d'un grand vin, et Yu Hui Tseng n'a dans sa cave que des petites merveilles, dont certaines rarissimes. Pour révéler la splendeur de leurs arômes et de leurs saveurs, ces petits et – très – grands crus exigent des gestes d'une étonnante minutie, des temps d'infusion de quelques secondes quand il s'agit d'un thé bleu-vert préparé selon la méthode du gong fu cha (littéralement le "temps du thé") dans une minuscule théière en grès pourpre de Yi-Xing. L'infusion, très concentrée, se hume, se déguste : parfums et saveurs restent longtemps en bouche, se déploient, s'en vont, reviennent… Les gestes et objets rituels du gong fu cha sont surprenants, mais on oublie presque d'y prêter attention à force d'être captivé par les liqueurs. Le profane en quête d'émotion restera certainement perplexe et songeur devant la carte de dégustation des très grands crus (leurs prix, comme ceux des très grands vins, atteignent des sommets étourdissants) et choisira pour commencer un cru modeste, en demandant conseil à son hôtesse pour s'orienter dans la carte. Y sont représentées les six grandes familles de thé chinois. Pour les thés blancs, jaunes, verts et bleu-vert, l'expérience est radicale et inoubliable : on cesse sur-le-champ de juger la dévotion des sages et l'enthousiasme des poètes chinois envers le thé à l'aune d'une exotique extravagance.

Tch'a

6, rue du Pont-de-Lodi (6e). Tél. : 01 43 29 61 31

La crise de nerf n'est pas loin ? Éteignez votre portable, fermez votre Filofax, rangez vos cigarettes et filez sans attendre jusqu'à la maison de thé de Lui Xiang Zhen. Nul besoin de se forcer pour laisser Paris et ses tourments à la porte : décoration ultra-sobre, notes discrètes de musique classique (chinoise évidemment), service traditionnel, tout invite à se croire transporté au cœur d'un jardin de bambou. La carte des thés représente chaque famille chinoise avec une quarantaine de crus, choisis de préférence parmi ceux des jardins de montagne, réputés produire des infusions plus énergétiques. Et qu'ils soient blancs, jaunes, verts ou bleu-vert, leurs noms seuls (traduits en français) sont déjà la promesse d'un festin poétique. Laissez les rênes à la muse qui sommeille en vous ou confessez votre ignorance et demandez les éclaircissements qui vous permettront de trancher entre une Pluie Fleurie, un Immortel des Eaux, un superbe Puits du Dragon ou le Velours du Mont Huang. Service traditionnel (zhong, gong fu cha ou théière classique).

UN THÉ AU TIBET

Au pays des lamas, on perpétue aujourd'hui encore la tradition du thé bouilli, la plus ancienne des préparations du thé connues. Compressé en briques (à l'origine pour faciliter sa conservation et son acheminement par caravane de yacks depuis la Chine vers les hauts plateaux himalayens), le thé est ensuite concassé, pilé dans un mortier et bouilli dans de l'eau salée avant d'être émulsionné avec du beurre de yack femelle dans une longue baratte en bois. Parfois, il est parfumé avec du gingembre, des écorces d'orange, des épices, de l'oignon... On l'aura compris, le résultat est inattendu, et la réaction de qui y goûte imprévisible. À essayer dans les restaurants tibétains de Paris, à la fin du service du déjeuner.

Lhassa et Péma Tong

13, rue de la Montagne-Sainte-Geneviève (5e). Tél. : 01 43 26 22 19

Tashi Delek

4, rue des Fossés-Saint-Jacques (5e). Tél. : 01 43 26 55 55

Le Singe d'Eau

28, rue de Moscou, (8e). Tél. : 01 43 87 72 73

LA VOIE DU THÉ

Introduit au Japon dès le VIIIe siècle de notre ère, le thé séduit d'abord la cour impériale et les moines bouddhistes qui, à l'imitation de leurs homologues chinois, mettent à profit les vertus stimulantes du breuvage pour se tenir éveillés pendant les méditations. À cette époque, le thé (vert toujours) est réduit en poudre et battu dans un grand bol avec un fouet. C'est la deuxième préparation du thé connue (la troisième et dernière étant celle qui nous est parvenue, l'infusion). Le thé devient un élément important des séances de méditation des moines et, l'influence du zen aidant, gagne du terrain dans la société laïque, elle aussi fervente pratiquante de méditation. Au XVIe siècle, un grand maître de thé, Sen Rikyu, codifie la cérémonie dans ses moindres détails. Le cha no yu (littéralement "eau chaude pour le thé") enseigne le chado (la Voie du thé), "un culte fondé sur l'adoration du beau jusque dans les occupations les plus triviales de la vie quotidienne", selon Okakura. Cette discipline spirituelle fondée sur l'harmonie, le respect et la pureté conduit à la paix du cœur, autrement dit à la sérénité.

Maison de la Culture du Japon

101 bis, quai Branly (15e).

Réservation (impérative) au 01 45 37 95 95. Deux séances chaque mercredi à 15h et à 16h. Groupes limités à quinze personnes.

À la Maison de la Culture du Japon, tous les mercredis après-midi, dans un authentique pavillon de thé importé du Japon en kit et remonté au dernier étage du bâtiment. Des maîtres de thé et leurs élèves de deux des trois plus grandes écoles de thé (Urasenke et Omotesenke) y officient en alternance. Après avoir observé la cérémonie, le public peut demander des éclaircissements et goûter au matcha, le fameux thé de cérémonie, accompagné de petites pâtisseries à base de pâte de haricot. Être spectateur accentue le côté théâtral de la cérémonie, mais on se laisse tout de même prendre au jeu. Réservez longtemps à l'avance, les listes d'attente sont plutôt longues.

Jardins Albert-Khan

14, rue du Port, à Boulogne (92).

Dans l'un des deux pavillons de thé du jardin japonais, les cérémonies du thé, conduites par les maîtres de la Fondation Urasenke, ont lieu durant les mois d'avril, mai, juin et septembre, un mardi et un dimanche matin par mois. Réservation là aussi impérative (groupes de vingt-cinq personnes maximum) au 01 46 04 52 80. N'oubliez pas de prévoir un peu de temps pour flâner dans les jardins qui prolongent le dépaysement.

Toraya

10, rue Saint-Florentin (1er). Tél. : 01 42 60 13 00

Que font les touristes nippons quand la rue Cambon et son perpendiculaire Faubourg-Saint-Honoré n'ont plus de secret pour eux ? Ils vont se ressourcer dans l'antenne parisienne de la plus ancienne pâtisserie japonaise. La pâte de haricot sucrée s'y métamorphose en de délicieuses et étonnantes gourmandises, dont certaines au thé vert (voir selon arrivages et saison). À savourer en se désaltérant d'un thé bien énergétique. Le matcha, servi ici sans cérémonie, est mousseux et amer à souhait, et les jours de grosse chaleur, on peut opter pour sa version glacée. Ceux que l'amertume du jade liquide fait frémir opteront pour un des autres thés proposés – toujours verts, mais de goûts beaucoup plus légers. Le service, impeccable et gracieux, est tout aussi design que le décor de Sylvain Dubuisson, d'inspiration seventies, bien dans la tendance du moment. Et en dépit de toutes ces qualités, thés et pâtisseries sont étonnamment abordables.

UN THÉ DANS UNE MAISON COLONIALE

Mariage Frères

30-32, rue du Bourg-Tibourg (4e)
13, rue des Grands-Augustins (6e)
260, rue du Faubourg-Saint-Honoré (8e)

Si les noms Raffles, Mékong ou Jaïpur mettent votre imagination en roue libre, les salons de thé Mariage Frères sont une destination tout indiquée pour voir pendant quelques heures la vie en sépia. Patines douces sur les murs, fauteuils en rotin, boiseries sombres, végétaux palmés, ventilateurs chuchotants, serveurs immaculés et nappes blanches amidonnées – ou inversement. Le décor s'autorise quelques variantes d'une adresse à l'autre, mais la carte de dégustation, elle, est identique : tous les thés en vente au comptoir y figurent. Oubliez le hit-parade des ventes Mariage (on trouve des tasses de Marco Polo dans bien d'autres salons de thé parisiens). La richesse de la carte invite aux découvertes, il faut en profiter. La desserte de gourmandises (gâteaux, sorbets, glaces, madeleines, tous au thé) invite quant à elle à sombrer sans retenue dans le péché. Autant de tentations qui, on s'en doute, ont leur prix.

La Théière

118, boulevard du Montparnasse (14e). Tél. : 01 43 27 22 00

Pour ce qui est d'enjamber les fuseaux horaires, votre imagination aura sans doute besoin ici de quelques rêves antérieurs soigneusement archivés : La Théière est, à Paris, boulevard du Montparnasse, une réalité pugnace. Mais… un petit salon de thé tenu par un amateur et professionnel sympathique qui propose à sa carte de dégustation (et à prix unique vraiment plancher) quatre-vingts thés haut de gamme dont la moitié sont d'excellents crus : on salue l'initiative, on remercie cette Théière-là d'exister et on accourt des quatre coins de Paris. Suivez les conseils du maître des lieux et la liqueur dans votre tasse remplacera très avantageusement les végétations exotiques. Voir le détail de la carte au chapitre 3. Goûtez les pâtisseries maison, dans le goût anglo-saxon : cake aux fruits, crumbles et une recette princière de cheese-cake qui fait ses preuves depuis 1976. Devinez de qui ?

Changements de décor

Promenades à bâtons rompus dans la ville. Prendre le thé, c'est prendre le temps d'ouvrir une parenthèse, de savourer l'infusion de l'un et la durée de l'autre. Quelques lieux pour rhapsodies urbaines dont les différents morceaux peuvent s'assembler librement.

PARIS BELLE ÉPOQUE

Impossible d'atteler un landau pour la promenade de cinq heures au Bois. En revanche, on peut aller prendre le thé dans quelques décors désuets avec panache et dignité.

Aux Délices de Scott

39, avenue de Villiers (17e). Tél. : 01 47 63 71 36

Une flânerie dans le parc Monceau voisin et, pour rester dans l'ambiance, une tasse de thé dans l'étonnant décor des Délices. Frises et boiseries d'époque (1904) ; les thés, eux (vingt variétés au total), sont parfaitement dans le ton contemporain. Quatre thés noirs classiques, tous bons, pour l'après-midi (Assam, Darjeeling, Keemun et Grand Yunnan), un Chine fumé au jasmin, un Earl Grey, un Goût Russe et des thés aux fruits (rouges, d'automne, du verger…). Les pâtisseries sont assez craquantes.

Brocco

180, rue du Temple (3e). Tél. : 01 42 72 19 81

Des murs (1930) au plafond (1889) : marbres, fresques, colonnes, tout dans cette pâtisserie est monumental et classé. Les thés sont bons (Darjeeling, Grand Yunnan, Caravane, Impérial Or fumé,

Ceylan, quelques mélanges parfumés et des thés aux fruits), et il y a des gâteaux à portée de bec. On peut s'installer et détailler tranquillement les lieux.

Angelina

226, rue de Rivoli (1er). Tél : 01 42 60 82 00

Chez Angelina, le thé est forcément une alternative "light" et une indulgence pour le paradis quand on s'interdit de succomber au péché dans les bras de l'Africain. Inexplicablement, indulgence rime avec pénitence : la carte des thés se réduit à un Earl Grey, un Lapsang et un Darjeeling (certes exclusif sur la place de Paris car la maison, chaque année, réserve la production d'un jardin à son goût). Le choix du buveur de thé sera donc vite fait, ce qui laisse tout le temps pour se concentrer sur d'autres questions (mont blanc ou pas mont blanc ?) ou sur le décor des lieux, qui fait que les différentes "antennes" d'Angelina n'offriront jamais davantage qu'un efficace service d'urgence et de soins intensifs.

LE CHIC CONTEMPORAIN

Avenue Montaigne ou rue du Faubourg ? Selon le périmètre choisi pour donner satisfaction – ou frustration – à vos appétits de bête de mode, deux options également pleines de classe. Sous la verrière de la Galerie Royale, le porcelainier français Bernardaud reçoit dans son salon glacé de vert-amande et velouté de prune. À la carte des thés, plusieurs mélanges parfumés et quelques thés classiques dont un Keemun tout doux pour l'après-midi, à accompagner de toasts ou de madeleines. En remontant vers la place de l'Étoile, macarons, millefeuilles et délices chocolatés vous attendent dans le nouveau salon Ladurée, superbement carrossé. Mais c'est peut-être vous qui risquez d'attendre…

Bernardaud

11, rue Royale (8ᵉ). Tél. : 01 42 66 22 55

Ladurée

75, avenue des Champs-Élysées (8ᵉ). Tél. : 01 40 75 08 75

CHARMING TEA

Chez les Filles

64, rue du Cherche-Midi (6e). Tél. : 01 45 48 61 54

Dans un décor discrètement orientaliste, une adresse très agréable pour les gourmands, puisque l'on peut y accompagner sa tasse de thé d'un gâteau signé Jean-Paul Hévin. La carte est petite, sans prétention mais de bonne qualité. La sélection est judicieuse, les théières adorables, les "filles" vives et accueillantes.

L'Heure Gourmande

22, passage Dauphine (6e). Tél. : 01 46 34 00 40

Avec son immense baie vitrée, la salle de l'Heure Gourmande hésite entre l'atelier d'artiste et le jardin d'hiver. En été, quelques tables s'installent dans le passage, miraculeusement peu fréquenté. La carte des thés est courte mais de qualité. Un Ceylan, des thés de Chine (fumé, non fumé et semi-fermenté) et deux thés japonais : un classique Sencha et un Hojicha faible en théine. Quelques thés et mélanges aromatisés, dont Marco Polo et le Thé des Moines, deux stars des ventes parisiennes. Les thés sont servis dans des petites théières en fonte. Alléchantes pâtisseries pour les gourmands.

VERY BRITISH

Tea Caddy

14, rue Saint-Julien-le-Pauvre (5e). Tél. : 01 43 54 15 56

Les jours d'hiver où le fog parisien rivalise d'intensité avec son cousin d'outre-Manche, le Tea Caddy, créé dans les années trente par une Anglaise sur le continent, offre un abri de circonstance, fort douillet de surcroît. L'ambiance, feutrée mais pas compassée, permet de déguster tranquillement des thés qui, contre toute attente, n'ont rien de britannique. À côté des thés parfumés aux fruits, on trouve un petit Ceylan, un Darjeeling, un bon Earl Grey, un Goût Russe, un Lapsang Souchong et un Keemun, le tout servi dans de la faïence blanc et bleu, dans la grande tradition anglaise. On imagine bien les personnages de Dickens pousser la porte du Tea Caddy et s'attabler pour un high tea. Sucré ou salé, le grignotage laisse rarement sur sa faim.

À L'OMBRE DES PASSAGES

A Priori Thé

35-37, galerie Vivienne (2e). Tél. : 01 42 97 48 75

Ces "malls" du siècle dernier ont la faculté de congédier la fureur urbaine. Dans le pittoresque passage Choiseul, Pandora a malheureusement mis la clé sous la porte. On revient donc, encore et toujours, s'asseoir dans l'allée centrale de la très chic galerie Vivienne, aux tables d'A Priori Thé. La carte des thés y est assortie de petits commentaires pour aider les indécis à choisir entre les thés classiques (Ceylan, Assam, Darjeeling), fumés (dont un Impérial Or, légèrement fumé et parfumé au jasmin) ou légers (au choix : Keemun, Oolong Fancy de Formose ou Kumana, un Ceylan très faible en théine). À accompagner de muffins et de scones tartinés de confiture, le tout maison et excellent.

L'Arbre à Cannelle

57, passage des Panoramas (2e). Tél. : 01 45 08 55 87

Ambiance différente à L'Arbre à Cannelle, passage des Panoramas, plus étroit et plus d'esprit boulevardier. Décor rococo et ors patinés, quelques tables en terrasse, devant le péristyle de la façade, pour "bader" le passant, et une grande salle paisible aux ombres fraîches derrière la vitrine, où papoter, bouquiner, travailler. En compagnie d'une tasse de Makaïbari (Darjeeling), par exemple, pour donner plus de cœur à son ouvrage. La carte des thés propose sept classiques au choix et plusieurs thés aromatisés. Côté calories, spécialité de crumbles servis avec crème fraîche.

PLUS PRÈS DU CIEL

À la belle saison, quelques (rares) terrasses parisiennes de plein air prennent de l'altitude et offrent une vue en grand-angle sur la ville. À l'est, du dernier étage de l'Institut du Monde Arabe, en sirotant un thé à la menthe, on sillonne toute la rive droite du regard. Une grande balade paresseuse. À l'ouest, on peut, dès 15h30, rejoindre le septième ciel sur la terrasse de l'hôtel Raphaël, d'où le bruit de la circulation se transforme miraculeusement en un ronronnement quasi inoffensif. Les pieds sur un plancher en teck, la tête à l'ombre d'un parasol, on choisit sa tasse de thé dans une petite sélection classique, qui avouons-le, est honorable sans plus.

tolle Sicht!

Institut du Monde Arabe

1, rue des Fossés-Saint-Bernard (5e). Tél. : 01 40 51 38 38

Hôtel Raphaël

17, avenue Kléber (16e). Tél. : 01 44 28 00 28

SPLENDEURS ORIENTALES

D'un verre de thé à la menthe, on peut voir surgir un homme bleu, le patio secret et frais d'une casbah accablée de torpeur, un paysage d'ocre et de bleu… Amer et doux à la fois, ce breuvage a d'étonnants pouvoirs sur l'imagination. Les lois de l'hospitalité aidant, le charme du philtre agissant, on en boit un, deux, trois…

Mosquée de Paris

39, rue Geoffroy-Saint-Hilaire (5e). Tél. : 01 43 31 18 14

Le décor du salon de thé de la Grande Mosquée dérouille les imaginations sédentarisées et transporte, par tapis volant, de l'autre côté de la Méditerranée. Mais pour accéder sans trépigner en salle d'embarquement aux divans moelleux du salon "Mille et une nuits" ou pour s'attabler, à la belle saison, en plein air dans le patio ombragé, mieux vaut fréquenter le lieu en semaine ou le soir.

Zap Spirit

60, boulevard de Ménilmontant (20e). Tél. : 01 43 49 10 64

Sur les pentes de l'est parisien, ni minaret ni dentelles en plâtre, mais une vie quotidienne ponctuée par les mouvements ascendants et descendants des théières ventrues et à chapeau pointu, toujours prêtes à accueillir les nouveaux arrivants. Essayez le Zap Spirit – et sa terrasse en été.

Pour une grande parenthèse, on peut choisir un thé au hammam. Au programme, bain de vapeur, la douceur et rien d'autre. Après avoir fait peau neuve, quelques thés brûlants permettent d'affronter la vie parisienne qui piaffe aux portes de ces palais mauresques. Les plus beaux décors pour fantasmer l'Orient :

Le Hammam de la Mosquée

39, rue Geoffroy-Saint-Hilaire (5e). Tél. : 01 43 31 18 14

Le Pacha

147, rue Gabriel-Péri, à Saint-Denis (93). Tél : 01 48 29 11 11

CHAPITRE 4

Se passionner

Le Français est, dit-on, curieux de nature et l'univers du thé flatte ce penchant. Variétés de thés, histoire du négoce, agronomie, rites et usages à travers le monde : les manières de se passionner pour le thé sont nombreuses.

ATELIERS DE THÉ ET CONFÉRENCES

Le Palais des Thés organise des cours d'initiation à l'univers du thé. En deux séances indépendantes et complémentaires (Chine, Taïwan et Japon pour la première ; Inde, Sri Lanka, Indonésie et Afrique pour la seconde), on fait connaissance, dégustations à l'appui, avec les thés des différentes origines. Plusieurs angles d'approche : agronomie, transformation, méthodes de préparation... Un programme de conférences mensuelles (histoire du négoce du thé, vertus du thé vert...) complète et approfondit ces séances de découverte. Les animations ont lieu dans la boutique du 64, rue Vieille-du-Temple (3e). Tél. : 01 48 87 80 60. Sur inscription.

LE CLUB DES BUVEURS DE THÉ

Il réunit amateurs et professionnels et s'est fixé pour objectif de défendre et d'illustrer la passion du thé. Au programme : ateliers de dégustation et organisation de diverses manifestations (concours littéraires, créations gourmandes commandées à des pâtissiers ou à des chefs cuisiniers...). Le club publie *La Feuille du thé* (sur abonnement) et a au nombre de ses projets la mise en place de séminaires de formation pour devenir dégustateur. Renseignements au 01 43 35 08 78.

SE CONNECTER AVEC L'ACADÉMIE DU THÉ CHINOIS

Cette très sérieuse académie fondée par une poignée d'amateurs passionnés s'est fixé pour objectif de sauver de la destruction les thés chinois rares et/ou anciens. Ses membres sont choisis par cooptation, et divers domaines de compétence se croisent au sein de cette assemblée (chercheurs dans le domaine des sciences, œnologues...) Ces académiciens ont la volonté de rendre accessibles savoir et informations en leur possession à tous les curieux ou passionnés en herbe. Si vous en êtes, n'hésitez pas à leur soumettre vos questions via Internet. Ils y répondront, et leur courrier électronique sera prochainement connecté à d'autres sites.
E-mail : acaduthe@hot mail.com

S'INITIER À LA DÉGUSTATION DES THÉS CHINOIS AVEC UN MAITRE DE THÉ

Quoique très sollicitée et très occupée par ses chasses au trésor en Chine, Hu Yui Tseng trouve tout de même le temps de faire partager sa passion et sa science à qui le souhaite. Si une ou plusieurs dégustations dans sa Maison des Trois Thés ont envoûté vos papilles et assoiffé votre curiosité, n'hésitez pas à former un petit groupe de cinq personnes pour vous faire initier aux arcanes de la dégustation des thés chinois. Amateurs déjà aguerris ou candides sont pareillement bienvenus.
Contacter Hu Yui Tseng au 01 43 36 93 84.

S'ESSAYER À L'ART DU GONG FU CHA EN AUTODIDACTE

Pour étonner ses convives, le gong fu cha est autrement plus chic que le *five o'clock* des familles. Mais c'est surtout une méthode de préparation idéale pour savourer les parfums et les goûts successifs de vos Oolongs. Avant de se lancer dans l'exercice, mieux vaut bien sûr l'avoir vu réaliser une fois en direct. Après quoi, on peut réviser au calme et se lancer avec les explications illustrées du numéro hors série n° 2 du magazine *Tao Yin* entièrement dédié au thé chinois. Dans lequel on trouve aussi une foule de renseignements sur l'histoire des thés chinois et des maisons de thé, ainsi qu'un excellent dossier consacré à la description des grands classiques chinois. En vente à la Maison des Trois Thés (voir p. 41).

À LIRE

◆ John Blofeld, *Thé et Tao : l'art chinois du thé*, Albin Michel. John Blofeld a marqué de sa passion et de sa personnalité un ouvrage très vivant et pas pédant, qui se lit comme un récit de souvenirs de voyage.

◆ Indispensable pour qui veut comprendre toute la subtilité de la cérémonie du thé, le très célèbre *Livre du thé* du Japonais Okakura (chez Philippe Picquier) est une lecture qui ravira tous ceux qui sont épris d'architecture, d'art de vivre et d'art tout court. Une prose fougueuse, à sauts et à gambades, des envolées poétiques et des attaques cinglantes, de l'histoire et de la philosophie dans une langue simplissime, c'est un ouvrage à mettre à côté de *L'Éloge de l'ombre* dans votre bibliothèque.

◆ *L'Histoire du thé*, de Paul Butel (éditions Desjonquères), raconte avec une rigueur universitaire la rencontre du thé et de l'Occident. Les Anglais ont le pied marin et les dents longues, les Français traversent le tableau avec une indifférence mondaine, les Chinois se font intoxiquer à l'opium : une saga passionnante qui se lit comme un roman d'aventure.

◆ Comment préparer le thé tibétain, les thés japonais ou les délicieuses infusions indiennes de thé au lait parfumées aux épices ou à la cardamome ? Toutes les explications figurent dans l'ouvrage de Maït Foulkes, *Les Saveurs du thé* (collection "Le Goût de l'Asie", aux éditions Philippe Picquier). On y trouve aussi quelques alléchantes recettes de poisson ou de viande au thé. Ce livre au format de poche, documenté mais exempt de lourdeur érudite et d'envolées lyriques, fournit une excellente et très sympathique introduction à l'univers du thé en Asie.

À VISITER

Le musée du Thé de Mariage Frères

La boutique de la rue du Bourg-Tibourg, dans son jus, est déjà un musée à elle seule. Mais si on grimpe le petit escalier qui mène à l'étage, on peut embarquer sur les vaisseaux de la Compagnie des Indes orientales avec les caisses à thé aux décors patinés, les registres de marchandises, les précieuses boîtes ouvragées, les théières rares et les services à thé d'ici ou d'ailleurs… La maison Mariage Frères, un comptoir de denrées coloniales établi à Paris en 1854, possède une très belle collection d'objets rares, précieux ou insolites, bien mise en valeur. Certains des trésors exposés, réédités, sont en vente à la boutique.

Et si l'idée de vous lancer dans une collection de théières vous séduit, rendez visite à celles qui figurent au musée des Arts décoratifs, 107, rue de Rivoli (1er). Tél. : 01 44 55 57 50.

CHAPITRE 5

Teamania

Le thé, on l'a dit, donne des ailes à l'imagination. Apparemment, c'est aussi une plante de bonne composition : depuis quelques années, le thé se rencontre là où on n'aurait jamais pensé à aller le chercher.

THÉ COMPOSÉ POUR LES BECS FINS

Dans la plupart des comptoirs de thés, on trouvera un choix plus ou moins étendu de gourmandises parfumées au thé.

Les gelées de thé, préparées à base d'infusions

Mariage Frères en propose une dizaine, dont plusieurs reprennent les célèbres mélanges aromatisés de la maison (Marco Polo, Podréa, Noël, Bourbon...). Au Palais des Thés, les gelées sont light (allégées en sucre) ; au Thé des Moines, elles sont aromatisées aux sept agrumes. Dammann (dans de nombreux comptoirs de thés cités au chapitre 3) propose six variétés de gelées, dont une au Darjeeling de printemps et une au jasmin.

Chocolats et confiseries

Les meilleurs chocolats au thé sont ceux des artisans chocolatier. Debauve et Gallais, les descendants des pharmaciens-chocolatiers de Louis XVI, proposent trois magots fourrés de ganaches parfumées au thé : un Earl Grey, un Jasmin Impérial et un Tarry Souchong, qui doit se sentir terriblement roturier en si noble compagnie et dans le somptueux écrin de la rue des Saints-Pères.

Debauve et Gallais

30, rue des Saints-Pères, (6e). Tél. : 01 45 48 54 67
33, rue Vivienne (2e). Tél. : 01 40 39 05 50
107, rue Jouffroy-d'Abbans (17e). Tél. : 01 47 63 15 15

Le talentueux Jean-Paul Hévin propose sur sa carte des ganaches au Lapsang ou à l'Earl Grey, cette dernière étant vraiment excellente. On trouvera également des chocolats au thé chez Mariage Frères, à côté de bonbons au thé.

BEAU THÉ

Considérées du point de vue d'un Parisien nourri de grisaille, les immensités vertes et lointaines des jardins de thé font rêver. Du coup, plusieurs nez de parfumeurs se sont penchés sur l'évocation olfactive du thé. Les eaux de toilette citées ici ont beaucoup de qualités mais, on s'en doute, évoquent davantage l'Asie en général que les parfums de thé. Le Comptoir Sud Pacifique a imaginé une eau de parfum baptisée Thé, dans une boîte ronde en sycomore. Des absolus de thé avec des notes de jasmin blanc et d'encens. Eau d'Oolong, création d'Imaginez, une eau de toilette fraîche et fruitée, est en vente dans les grands magasins, notamment au Printemps, au Bon Marché et à la Samaritaine. Le Thé pour un été, une fugue en Extrême-Orient concoctée par l'Artisan Parfumeur, a d'agréables notes jasminée en cœur. Le thé est aussi présent dans l'Eau parfumée de Bulgari, Pluie d'été de Tan Guidicelli et CK One de Calvin Klein.

Certains laboratoires de cométiques ont intégré le thé à des soins pour la peau. On trouve ainsi un extrait de thé vert, choisi pour ses vertus anti-oxydantes, dans la crème DayWear d'Estée Lauder.

Chez Sisheido, l'huile de graine de thé, retenue pour son pouvoir émollient et humectant, est l'une des composantes de la ligne de soin pour le corps Essential Energy. Essayez les tablettes revitalisantes pour le bain, des galets effervescents aux vertus relaxantes, délicatement parfumés aux extraits d'agrumes. Toujours chez Sisheido, un extrait de Tencha (une variété de thé chinois) entre dans la composition du Sérum Énergisant, qui repasse les petites et grises mines. À se procurer, bien sûr, dans la boutique du Palais Royal (145, rue de Valois, dans le 1er arrondissement), où on accueille les clientes avec... une tasse de thé vert.

DU THÉ POUR METTRE LA MAISON AU PARFUM

Brûler des feuilles de thé infusées puis séchées a des vertus désodorisantes, à la manière du papier d'Arménie. Mais ce procédé, utilisé par les Chinois, ne laisse aucun parfum. Pour plus de raffinement, essayez donc les bougies parfumées : Darjeeling, Rose d'Himalaya, Thé des Mandarins ou Thé des Pluies chez Mariage Frères (voir adresses plus haut) ; Thé et Épices chez l'Artisan Parfumeur.

L'Artisan Parfumeur

32, rue du Bourg-Tibourg (4e). Tél. : 01 48 04 72 75
24, boulevard Raspail (7e). Tél. : 01 42 22 23 32
22, rue Vignon (9e). Tél. : 01 42 66 32 66

Notes

Notes

Notes

Notes

Notes

PARIS EST À NOUS

<u>DANS LA MÊME COLLECTION</u>

Où s'embrasser à Paris

Faire du vélo à Paris

Devenir propriétaire à Paris

Être bénévole à Paris

Où trouver le calme à Paris

Paris Gourmandises

Vivre bio à Paris

Jardiner à Paris

Promenons-nous à La Défense

Où naître à Paris

Paris en bouteilles

À chacun son café

Comment devenir une vraie Parisienne

Illustrations : Isabelle Chemin

ISBN : 2-84096-107-5
Dépôt légal : novembre 1998

Photogravure Leyre, à Paris
Flashage Sagim, à Courtry

Achevé d'imprimer en novembre 1998,
sur système Variquik
dans les ateliers de la Sagim, à Courtry
N° d'imprimeur 3131